As Primeiras Civilizações

Jaime Pinsky

As Primeiras
Civilizações

Copyright © 2001 Jaime Pinsky
Todos os direitos desta edição reservados à
Editora Contexto (Editora Pinsky Ltda.)

Coordenação de texto
Carla Bassanezi Pinsky

Preparação
Camila Kintzel

Diagramação
José Luis Guijarro/Texto & Arte Serviços Editoriais

Revisão
Dida Bessana/Texto & Arte Serviços Editoriais

Projeto de capa
Antonio Kehl

Montagem de capa
Fábio Amancio

Dados Internacionais de Catalogação na Publicação (CIP)
(Câmara Brasileira do Livro, SP, Brasil)

Pinsky, Jaime
As primeiras civilizações / Jaime Pinsky. – 25. ed., 11ª reimpressão. –
São Paulo : Contexto, 2025. – (Repensando a História)

Bibliografia
ISBN 978-85-7244-178-0

1. Civilização – História 2. Civilização antiga 3. Cultura – História
4. História antiga 5. Homem – Origem I. Título II. Série.

01-3045	CDD-909

Índices para catálogo sistemático:
1. Civilização : História 909
2. Cultura : História 909
3. Humanidade : História 909

2025

EDITORA CONTEXTO
Diretor editorial: *Jaime Pinsky*

Rua Dr. José Elias, 520 – Alto da Lapa
05083-030 – São Paulo – SP
PABX: (11) 3832 5838
contato@editoracontexto.com.br
www.editoracontexto.com.br

Proibida a reprodução total ou parcial.
Os infratores serão processados na forma da lei.

Eu aprecio a felicidade,
mas também gosto
de me divertir
de vez em quando.

Hagar

Dedico este livro
a todos aqueles
que têm partilhado comigo
a aventura da vida.

Sumário

Introdução	9
História natural, história social	13
Caçadores e coletores	31
Agricultores e criadores	43
...E o homem criou as cidades	57
Mesopotâmia	69
A civilização do Nilo	87
Os hebreus	105
Conversando com o autor	119
Cronologia	122
Bibliografia	124

Introdução

Como toda criança, o autor deste livro brigava com seus irmãos toda vez que havia uma oportunidade. Nosso pai nem sempre considerava a ocasião que escolhíamos adequada para nossa atividade belicista e nos chamava – achando que nos ofendia muito – de não civilizados. Para ele, a conotação era clara: civilizados eram os adultos, que não se cutucavam durante as refeições, não pisavam no sapato novo do outro, não puxavam o rabo de cavalo da irmã. Aprendi logo, porém, que não eram as crianças que deflagravam guerras, torturavam prisioneiros, poluíam o ambiente, competiam sem tréguas por dinheiro e prestígio: eram os adultos. Os civilizados, segundo meu pai.

É comum, o que não significa que seja adequado, dar aos termos e conceitos que usamos conotações valorativas. Civilização, como explicaremos em um dos capítulos seguintes, é um estágio que inclui uma série de requisitos objetivos. O que não quer dizer, necessariamente, que viver nessa época seja melhor ou pior do que outro momento da história do homem na Terra. Nessa área, evolução não é sinônimo de progresso, mas de transformação. Do nosso ponto de vista de humanos, modernos e ocidentais, e só por isso, civilização pode ser melhor do que barbárie e o homem pode ser considerado superior ao macaco. Mas que tal olhar tudo isso do ponto de vista do chamado bárbaro? Ou do macaco?

Até para intentar esse olhar, dividi o livro de forma a dar ênfase especial ao período pré-histórico. Acredito que nos nossos colégios e universidades deveria haver um empenho mais sério em trabalhar com o processo evolutivo do ponto de vista do historiador e não apenas do cientista da natureza. Acredito também que uma forte carga de racismo e outros preconceitos, subjacentes na mente de nossa população, deveriam ser trazidos à tona e discutidos claramente para poderem ser superados. Isso só se dá por meio de leituras benfeitas e debates sérios. E a sala de aula é um ótimo lugar para se propor o debate.

Pretendo mostrar, neste trabalho, que civilização não é sinônimo de cultura. Pode haver cultura sem civilização, mas a relação inversa, no entanto, não se aplica. Discuto também aqui a relação entre cultura material e não material, e ouso falar de como diferentes grupos humanos respondem ao desafio básico do próprio sentido de se constituírem: buscar a felicidade de seus membros.

Optei por três importantes civilizações antigas do Oriente Próximo: os mesopotâmicos, os egípcios e os hebreus. Para não tornar a obra aborrecida, evitei repetir processos ocorridos em mais de uma dessas civilizações; busquei trabalhar com particularidades ao lado de generalidades. E, é claro, tratei de fugir daquela eterna listagem de reis e faraós, de elementos jogados como condições geoclimáticas, artes, economia e da imensa sucessão de itens e subitens destinados a transformar a História numa chatice ímpar – justo ela, que é a mais apaixonante das formas de conhecimento.

Esta edição, a primeira publicada pela Editora Contexto, sai após uma cuidadosa revisão, algumas atualizações, outros olhares. Acredito ter tornado minhas ideias mais claras, sem comprometer o espírito e a letra do trabalho.

Muito do que está aqui é mérito dos autores que aparecem na bibliografia. A responsabilidade total pela estruturação do livro, bem como as interpretações, são apenas minhas. Isto, porém, não me desobriga de agradecer observações e sugestões de numerosos leitores, particularmente Pedro Paulo, Daniel, Carla, Camila, meus ex-alunos da Unicamp e os mais de 50 mil leitores das edições anteriores.

• • •

Os que confundem seriedade com sisudez identificam simplicidade com condescendência. Não penso assim. Entendo que a clareza é um objetivo a ser buscado pelo autor e o discurso "competente" tem caráter preconceituoso e excludente. Pensando no leitor, refiz algumas passagens muitas vezes em busca do exemplo adequado, da comparação compreensível, do conceito preciso. Aqui as palavras não têm a intenção de esconder, mas de revelar. Mesmo assim, sei que alguns trechos são mais fáceis, outros mais exigentes em vista do tema, da abordagem, da necessidade do livro. Deve-se ter em conta que todas as datas do livro são a.C.; esperamos ainda que as pessoas pesquisem, em atlas históricos, as regiões e as cidades cujos mapas não pudemos reproduzir aqui. Eu ficaria muito feliz se o leitor, em vez de entender suas dificuldades como uma barreira, as considerasse uma homenagem que lhe foi prestada pelo autor.

1. História natural, história social

O ANIMAL homem

De um ponto de vista puramente natural, o homem é o mais inadequado dos seres vivos existentes em nosso planeta. Por outro lado, é o mais poderoso de todos os animais.

O lhama nasce com uma grossa proteção que lhe permite adequar-se ao frio dos Andes, seu ambiente natural; o homem, dotado de pele fina e delicada, teve de aprender a tirar o pelo de outros animais para proteger-se do frio, o que lhe permitiu habitar todas as regiões da Terra. Tempos depois o ser humano aprendeu a se vestir com tecidos de fibras naturais e até artificiais, eliminando a aparente vantagem dos mais bem-dotados.

Ratos e toupeiras são instintivamente industriados a cavar a terra em busca de calor e proteção, graças a suas patas e focinhos especialmente desenvolvidos para isso. O homem, em vez de escavar a terra com suas mãos, utiliza-se de instrumentos como a enxada, a pá ou, mais recentemente, de máquinas modernas, com as quais constrói abrigos mais quentes e mais bem protegidos do que os outros animais.

Garoupas devoram outros peixes enquanto nadam, os felinos têm garras com as quais dilaceram suas vítimas, as aves de rapina capturam suas presas com garras e bicos especialmente projetados para o ataque. Já o homem, frágil e sem habilidade natural, criou as armas e as armadilhas com as quais derrota o adversário e providencia o futuro alimento a distância, sem perigosos confrontos pessoais em que poderia se dar mal.

Os animais herdam, individualmente, suas capacidades; cada rato nasce sabendo roer, cada lhama nasce com seu casaco natural, cada peixe nasce sabendo procurar seu alimento.

Nenhum homem nasce sabendo construir casas, fabricar armas ou utilizar o pelo de outro animal. Só com o exemplo dos mais velhos, ou seja, por meio da aprendizagem, é que ele chega a receber sua herança.

Por isso, especialistas como Gordon Childe costumam dizer que, na história humana, roupas, ferramentas, armas e tradições tomam o lugar de pelos, garras, presas e instintos na busca de alimentos e abrigos.

Essa diferença não é apenas quantitativa, mas também qualitativa, já que estabelece uma distinção, um momento de ruptura entre a História Natural e a Social, entre a história construída pela natureza e aquela em que os seres humanos, além de pacientes, são também agentes. Sim, pois enquanto o ser humano era apenas um dos integrantes do "reino animal", sua trajetória no planeta poderia ser contada pela História Natural, com destaque pouco maior ou menor do que a dos outros animais da Terra. Mas a partir do momento em que começa a criar cultura, a transmiti-la e, depois, a difundi-la, ele passa a escrever sua própria história, não mais apenas a da natureza. É principalmente dessa história, a chamada social, que trataremos aqui. Aliás, é por isso que existe uma história das sociedades humanas e não uma história das sociedades de abelhas ou de macacos. Abelhas e macacos são apenas elementos da natureza; seres humanos constroem sua própria história. E, se frequentemente encontramos motivos para não nos envaidecermos muito dela, temos muito mais motivos para nos orgulhar de fazer parte do gênero humano. Basta nos inteirarmos de parte do magnífico patrimônio cultural que nossos ancestrais nos forneceram, da roda à vacina Sabin, da invenção da escrita aos poemas de Fernando Pessoa, das pinturas rupestres a Van Gogh e Chagall, passando por Leonardo da Vinci, de Beethoven a Tom Jobim, das pirâmides a Niemeyer, do monoteísmo ético a Betinho. Afinal, se geramos monstros, também geramos gênios: na mesma terra em que nasceu Hitler, nasceu Mozart...

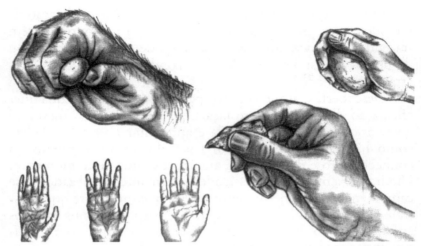

A evolução de nossas mãos e as habilidades manipulativas que elas desenvolveram têm sido fatores importantes no aprimoramento de nosso cérebro, e vice-versa. Os desenhos comparam as mãos de um gibão, de um chimpanzé e de um *Homo*, mostrando na mão de um homem atual a culminância da preensão de precisão, que permite a manipulação delicada de artefatos.

O NASCER da humanidade

Aqueles que acompanham o noticiário dos jornais devem se espantar com especulações feitas a partir de escavações coordenadas por arqueólogos ou mesmo leigos. Parece haver uma competição entre os vários continentes para terem a honra de ser o berço da humanidade.

O assunto é ainda fruto de muitas controvérsias, não só entre os estudiosos, mas também entre curiosos que ficam fascinados com pretensas "provas" da existência de civilizações altamente desenvolvidas em regiões insuspeitadas. Há mesmo os que garantem a presença de seres extraterrenos na origem da nossa civilização...

O fato é que a intensificação das pesquisas e a aplicação de métodos mais precisos de datação, como o carbono-14, vêm trazendo sucessivas notícias da presença de seres humanos – ou de nossos ancestrais – em locais e condições até poucos anos atrás insuspeitados.

Descobertas arqueológicas podem desatualizar qualquer afirmação definitiva que se faça nessa área. Por isso mesmo é necessário avançar com cautela e apresentar nossas "verdades" como históricas, isto é, como fruto do desenvolvimento do conhecimento e da forma de analisar os fatos neste momento. Um bom exemplo da necessidade de se manter atualizado nesse campo encontra-se neste mesmo livro: o leitor notará que mostramos uma justificada preocupação em apresentar os egípcios como um povo de alto desenvolvimento material, com domínio de várias técnicas, incluindo a de mumificação de cadáveres, no que teriam sido pioneiros e artesãos incomparáveis. Ora, há alguns anos, em plena cidade de Arica, no extremo norte do Chile, arqueólogos da Universidade de Tarapacá encontraram quase cem múmias, algumas delas, segundo o carbono-14, com cerca de 8 mil anos e ainda se mantendo em excelente estado de conservação. As múmias egípcias mais antigas possuem, no máximo, 5 mil ou 6 mil anos. Os estudiosos estão pasmados, pois consideravam até agora os *chinchorros*, prováveis mumificadores, uma tribo de indígenas primitivos...

No intuito de estabelecer uma sequência lógica de povos que habitaram uma determinada região, historiadores e arqueólogos – muitas vezes sob o impacto do evolucionismo e cientificismo do século XIX –, reinventavam o passado em vez de reconstruí-lo. O resultado era bonito e lógico, mas nem sempre verdadeiro. Recriar séculos e milênios de maneira arbitrária pode ser um bom exercício de imaginação ou de lógica, mas sem sentido algum se não for apoiado por evidências materiais.

Por outro lado, um simples arrolamento de escavações e descobertas isoladas não nos interessa muito, já que não ajudam a responder às verdadeiras questões que nos apaixonam, do tipo como nos tornamos humanos, como evoluímos (ou involuímos) até chegar às sociedades complexas que temos hoje.

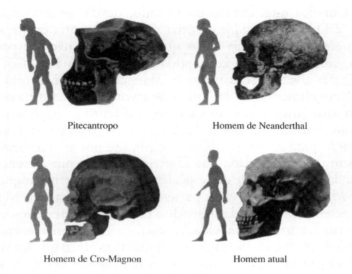

Crânios – e silhuetas hipotéticas – das diferentes espécies humanas.

Neste livro, em vez de apresentar verdades prontas e acabadas, queremos propor problemas a serem debatidos e pesquisados com mais profundidade, de preferência sob a orientação de professores e com o apoio da bibliografia que sugerimos ao final do volume.

NOSSOS avós

O século XIX legou-nos uma concepção científica de mundo na vã suposição de que a ciência tudo explica e tudo resolve – em contraste com uma concepção de verdade "revelada" que dominara a Idade Média e mesmo alguns séculos do Período Moderno. Essa atitude, percebemos agora, é bastante equivocada; mais equivocado, entretanto, é distorcer e falsear o pensamento dos cientistas, tentando ridicularizá-los.

Um dos que, dentro do túmulo, devem se contorcer de ódio é Darwin. Criador de uma sofisticada teoria evolucionista, a ele são atribuídas ideias que não apenas não lhe pertencem, como até foram combatidas por ele. "Darwin disse que as girafas tiveram seus pescoços alongados pela natureza para poderem alimentar-se das folhas de árvores altas", afirmava convicto um antigo professor de colégio. Mentira! "Muitos peixes tiveram transformadas suas barbatanas em patas no processo de mutação para animais anfíbios", ensina-se por aí. Também não é assim. É bem verdade que Darwin rompeu com a crença bíblica da imutabilidade das espécies. Em suas viagens, adquiriu a convicção de que elas eram passíveis de transformações. Mas ele não acreditava que cada indivíduo pudesse ter alterações biológicas no decorrer de sua vida, consequentemente não aceitando a ideia de mutações da noite para o dia. Para ele, o que houve foi uma *seleção natural*, que implicou a reprodução dos mais aptos e, por conseguinte, a não reprodução dos menos aptos.

Claro que a seleção, fruto de uma adaptação passiva e gradual, provoca, ao longo de gerações, diferenças que podem ser significativas. Algumas experiências realizadas nos dias de hoje reforçam e explicam a concepção da seleção das espécies e a concepção evolucionista da natureza.

A pequena ilha de Koshima, no Japão, é habitada por um pequeno grupo de primatas da família *macaca* que têm sido observados por pesquisadores. O cientista David Attenborough narra que, para atrair os macacos que vinham demonstrando desconfiança em relação aos humanos, os estudiosos começaram a alimentá-los com batata-doce. Uma vez, ao receber a sua batata-doce coberta de terra e areia, uma jovem macaca foi até uma poça de água e lavou-a com as mãos. Os cientistas não asseguram que sua ação resultasse de um raciocínio abstrato, mas observam que a macaca passou a repeti-la; um mês depois, uma companheira também lavou a batata; quatro meses depois, sua mãe e, aos poucos, o hábito se espalhou entre quase todos os membros do grupo, exceto os mais idosos.

Trata-se de instinto? Não. Apenas de aprendizagem social. Cada macaco individual necessitará do grupo para repetir o comportamento adquirido. Onde entra, então, Darwin? Na sequência da história.

Acostumados à batata-doce, os macacos passaram a disputá-la, até de forma agressiva. Quando os cientistas atiram uma pilha de batatas-doces na praia, os macacos se lançam sobre o alimento, enfiam um pedaço na boca, agarram outro com uma das mãos e saem manquitolando com os três membros restantes. Alguns, porém, são mais eficientes: conseguem empilhar vários pedaços junto ao peito, prendendo-os com ambos os braços, e correm com eles, eretos sobre as patas traseiras, até o refúgio seguro. Se por gerações seguidas o episódio se repetisse a ponto de ser decisivo na alimentação do grupo, é lícito supor que os mais bem alimentados seriam aqueles com requisitos genéticos apropriados à situação: pernas proporcionais e equilíbrio. Mais bem nutrido, esse grupo tornar-se-ia dominante; dominante, teria mais chances de reproduzir-se geneticamente, de maneira a, em milhares de anos, seus membros *transformarem-se* em bípedes.

De alguma forma, repetição do que aconteceu com os nossos avós ancestrais.

RAMAPITHECUS, o patriarca

Atualmente se acredita, que há cerca de 12 milhões de anos, viviam em diferentes regiões da Europa, Ásia e África pequenos macacos – de não mais que um metro de altura – cujo desenvolvimento teve importante significado com relação ao homem.

Vivendo inicialmente nas florestas, delas foram se afastando para morar nas savanas. Dotado de algumas habilidades como atirar objetos nos inimigos, carregar bebês e alongar-se para vigiar a redondeza contra perigos potenciais, o *Ramapithecus*, graças à seleção natural, foi se tornando cada vez mais bípede. E, à medida que isso ocorria, seus pés iam se adaptando para caminhar com mais segurança.

Essa evolução, se trouxe aspectos positivos, gerou também dificuldades: ao desenvolver a capacidade de pisar; os pés do bebê *Ramapithecus* iam perdendo a capacidade de agarrar e, dessa forma,

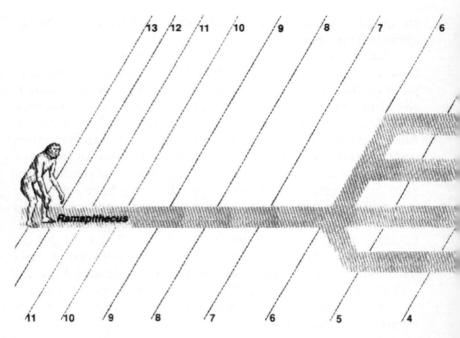

Evolução do homem, do *Ramapithecus* aos nossos dias, segundo o atual estágio das pesquisas arqueológicas.

o sistema de "grudar" na mãe com as quatro mãos-patas ia sendo desativado, criando dificuldade no transporte. A saída foi um aperfeiçoamento da postura ereta, com a finalidade de liberar duas mãos da mãe para carregar o bebê; por meio de seleção natural.

Com as mãos livres que o andar ereto propiciava, que faziam os primatas? Carregar bebês, por mais atraente que fosse, não era tarefa de tempo integral, especialmente para os machos... Tudo leva a crer que carregavam ferramentas com o objetivo de defesa e, talvez, de ataque: frágeis e sem a rapidez de tantos quadrúpedes predadores, os bípedes peludos contavam com pedras e pedaços de pau para conseguirem se impor no meio ambiente agressivo.

As descobertas de fósseis não seguem a ordem de um roteiro preestabelecido nem a vontade dos pesquisadores. Ocorrem, apenas. Como nas minas que passam a ser superexploradas quando um veio promissor é encontrado, numerosos acampamentos são

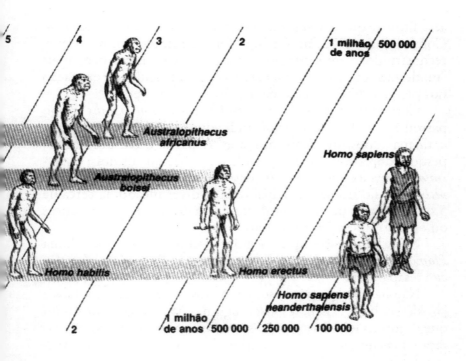

montados em regiões próximas ou equivalentes àquelas onde importantes descobertas são feitas. Dessa forma, não é de estranhar a enxurrada de descobertas a respeito de determinados temas que ocorrem de forma quase simultânea.

Será essa a razão da enorme quantidade de descobertas sobre um determinado período e da quase inexistência delas sobre outros? É provável.

Mas, mesmo assim, há pontos de difícil explicação. Para falar mais claramente, há períodos a respeito dos quais sabemos fazer excelentes perguntas, às quais, entretanto, somos incapazes de fornecer alguma resposta mais elucidativa.

Um desses períodos dura milhões de anos e vai desde as descobertas do *Ramapithecus* até cerca de 3 milhões. Dessa data foram descobertos fósseis daqueles que se convencionou chamar de *Australopithecus africanus* e *Australopithecus boisei*. No início acreditou-se que eles fossem ancestrais diretos do *Homo sapiens*. Contudo, em 1972, no Quênia, foi encontrado um fóssil que, reconstruído, demonstrou ter características físicas bem mais "modernas" que os *Australopithecus* e, para felicidade e excitação dos pesquisadores, datado da mesma época que eles.

Contemporâneo e não descendente, o *Homo habilis* (como passou a ser chamado) é um indivíduo de grande capacidade craniana e postura quase humana. A partir dessa descoberta, pesquisadores como Leakey tendem a achar que os dois, o *Australopithecus* e o *Homo habilis*, descendem igualmente do *Ramapithecus*, cujo tronco principal teria se diversificado há cerca de 5 ou 6 milhões de anos em decorrência de alterações climáticas ou outras mudanças ambientais.

Nesse caso, cabe aqui a seguinte pergunta: por que a linha *Homo* obteve tamanho sucesso, enquanto a linha *Australopithecus* desapareceu?

Não há resposta para isso, ao menos por enquanto. E talvez jamais venha a existir resposta alguma. Mas seria muito bom que os jovens leitores encontrassem nisso não uma razão de irritação, mas um estímulo no sentido de colaborar para a construção do saber. Tarefa, por sinal, difícil.

Queremos desde já esclarecer que os esqueletos de milhares de anos não ficam inteirinhos e reluzentes aguardando a chegada do cientista ou do curioso. De resto, todo bom cientista sabe que o local do encontro do fóssil indica o local onde as criaturas se fossilizaram, não necessariamente onde elas viveram.

Algumas convicções, pelo menos, existem. E uma delas, já bem cristalizada, é de que a África foi o berço da humanidade.

DA ÁFRICA para o mundo

Há 1 milhão de anos, o *Homo erectus*, descendente direto e aperfeiçoado do *Homo habilis*, começou sua marcha da África para mundo. A bem da verdade, ele saiu da África centro-oriental para a Ásia e a Europa.

O que o levou a sair foi, sem dúvida, uma organização social que garantia uma estabilidade econômica e um domínio tecnológico que o deixava seguro de suas possibilidades; mas não teriam sido a curiosidade e o espírito de aventura que desempenharam significativo papel nesse êxodo, nessa diáspora? É possível, como discutiremos logo adiante. Nossa preocupação é a de não impor a nossos ancestrais, a pessoas que viveram em época muito distinta da nossa, valores, padrões de comportamento e vontades que são nossos, criaturas de nossa civilização. Conhecemos ainda hoje tribos de seres bem mais evoluídos que esses ancestrais e que nem por isso se interessam em rasgar os limites de seu território.

O fato é que, por uma razão ou por outra – ou por nenhuma delas –, o *Homo erectus* sai da África para o mundo numa expansão que, tanto do ponto de vista de área como de população, só faz crescer. Sob o aspecto puramente biológico, o homem representa hoje uma praga tão ou até mais desafiadora do que os ratos ou mesmo do que várias espécies de insetos. E, provavelmente, com um potencial de destruição ainda maior.

Na verdade, o *Homo erectus* não era exatamente um homem idêntico a nós. Seu corpo até que não era muito diferente de, por exemplo, um homem robusto, com bastante atividade física; mas seu rosto emoldurado por uma cabeça achatada, de maxilares salientes e proeminentes arcos superciliares, nos assustaria, se visto numa elegante recepção ou mesmo em uma sala de aula informal.

Acredita-se que o arredondamento da cabeça e a redução dos maxilares e arcos superciliares ocorreram ao longo do último milhão de anos, com o surgimento do *Homo sapiens* básico há 500 mil anos e do *Homo sapiens sapiens* há 50 mil anos. O *Homo erectus* propiciou outros descendentes – que não vingaram –, dos quais o mais conhecido é o *Homo sapiens neanderthalensis*: o famoso homem de Neanderthal. Todos esses são descendentes daquele *Homo* que um belo dia saiu da África centro-oriental.

Se não sabemos – e provavelmente jamais saberemos – o que motivou o êxodo do *Homo erectus*, podemos ao menos conhecer as condições que permitiram sua mobilidade, as quais, segundo Leackey, se resumem na capacidade de transportar. Primeiro, o transporte de alimento, permitindo um distanciamento cada vez maior com relação ao acampamento-base. Em segundo lugar, o transporte de água, seja em estado natural, seja em frutas como a melancia. Em terceiro, o fogo, tanto pelo que representava objetivamente – de maneira especial contra os climas temperados e frios –, como pelo símbolo de poder, de domínio da natureza. Finalmente, era importante transportar a própria experiência. Afinal, como vimos, o que caracteriza o homem é a aprendizagem social. A maneira pela qual a experiência é transmitida chama-se linguagem, processo lenta e paulatinamente adquirido e que iria permitir o transporte das experiências do grupo.

A capacidade de transportar a água, os alimentos, o fogo e a experiência dota nossos ancestrais de independência indispensável para ousarem a longa viagem da África para a Ásia e a Europa.

Isso não significa que os que ficaram não tivessem evoluído.

Contrariamente a preconceitos hoje ainda correntes, pode-se afirmar que todos os homens atuais pertencem à subespécie *Homo sapiens sapiens* e que as variações físicas que se podem verificar são variações *dentro* da subespécie. Por uma questão de seleção natural, constata-se uma pigmentação mais intensa entre os habitantes de regiões muito quentes, uma vez que a melanina tem por função proteger a pele das fortes radiações solares. O oposto ocorreu entre habitantes de regiões frias. Da mesma forma, não é acidental o fato de a população esquimó ser relativamente gorda, já que necessita de reservas de gordura para melhor combater o frio. O que não se pode é identificar características físicas do homem atual com parentesco maior ou menor dos primatas. Essa é uma atitude ignorante, fundamentada em preconceitos racistas pulverizados pelo estado atual do conhecimento científico.

A AVENTURA humana

O historiador, como qualquer cientista, trabalha com evidências e suposições. Não pode romper o tênue equilíbrio entre esses dois elementos. Se não se arrisca a lançar hipóteses a partir de suposições, corre o risco de repetir o já conhecido, reafirmar o óbvio, transformar a aventura humana numa narrativa sistemática e organizada como cadeias de elementos químicos ou rígidas fórmulas matemáticas. Se, por outro lado, abandona as evidências e se permite "delirar" à vontade, pode criar uma interessante obra de ficção desvinculada do conhecimento acumulado por gerações, comprometida apenas com a imaginação criadora do autor.

Correndo, conscientemente, esse último risco – mas respaldados pela sisudez do texto até a presente página –, gostaríamos de voltar a discutir a motivação que teria levado o *Homo erectus* a sair de seu hábitat. Já vimos que ele tinha condições para sair. Mas o que o levou mesmo a sair é outra história, tendo em vista que poder fazer algo não é sinônimo de fazê-lo.

De fato, a grande aventura humana de ocupação do planeta se iniciou há 1 milhão de anos, quando algum membro do grupo dos *Homo erectus*, firmando-se sobre seus pés, esticou a cabeça por sobre a rala vegetação da savana africana e se perguntou sobre o que haveria para além das montanhas que ele percebia acima da linha do horizonte. Naquele instante talvez não fossem relevantes o problema alimentar ou a necessidade de mais espaço. Nada nos leva a crer que aquele nosso ancestral tenha abandonado seu hábitat para resolver alguma questão material. Tanto isso é verdade que a esmagadora maioria de membros do grupo permaneceu no continente africano. É até provável que sua saída tenha sido um risco não devidamente calculado, uma vez que estaria trocando o seguro pelo duvidoso, o poço de água conhecido ou o riacho ao lado do acampamento pelo perigo de uma área desértica; poderia estar ameaçado em sua segurança, saindo de uma área onde os perigos eram conhecidos, rumo ao desconhecido; abandonava uma região em que a tecnologia da sobrevivência era dominada para se embrenhar em situações novas.

Então, por quê?

Por espírito de aventura.

Não negamos condições objetivas como fundamentais para a ação humana. Mas que não se negue a ação do homem na História, seu poder decisório, sua iniciativa.

Aliás, a própria humanização do homem se dá nesse processo. Sabemos que, quanto mais primitivo o ser vivo, mais indiferenciado ele é. Dois protozoários são mais semelhantes entre si do que dois peixes que, por sua vez, são mais semelhantes entre si do que dois cães. Entre os homens, as diferenças são maiores; não se veem dois indivíduos iguais. Nessa linha de raciocínio, que não vale apenas para a aparência física, mas também para o comportamento psicossocial, a atitude de aventurar-se, de ousar, é em certo nível um passo importante no processo de humanização.

É impossível explicar historicamente todas as atitudes humanas. O que se pode é verificar as condições históricas para que elas se expressem. No caso exposto anteriormente, essas condições existiam, como vimos. Há, contudo, muitas atitudes pessoais que não podemos explicar historicamente, do tipo "por que este e não aquele?". Isso faz parte da liberdade de escolha do indivíduo. Um bom exemplo é a grande imigração de italianos para o Brasil, ocorrida entre fins do século XIX e começo do século XX. O historiador pode e deve verificar as condições sociais e econômicas da Itália no período referido. Pode e deve também analisar o mesmo para o Brasil. Provavelmente verificará que a situação dos camponeses italianos era miserável, que o Brasil demandava por braços, daí o grande fluxo de imigrantes ter ocorrido. Isso explica, porém, apenas o fenômeno social, mas não o individual. Por que uma família veio e outra, que vivia nas mesmas condições, não veio? Além de explicações objetivas, seguramente existirão outras de caráter puramente subjetivo. Ou seja, o indivíduo atua subjetivamente no condicionamento histórico.

E não se deve esquecer que certas sensações e sentimentos não são históricos, embora possam encontrar formas históricas de manifestação.

Vamos tentar explicar isso melhor. Se concebermos, em um hipotético filme sobre a Idade Média, uma mulher saindo para as compras, com o entusiasmo de uma consumidora compulsiva em um *shopping center* moderno, estaremos cometendo um grave anacronismo. Afinal, só após a massificação da produção, da transformação do produto em mercadoria decorrente da industrialização, é que se desenvolvem ideologia e prática consumistas. E claro que a cabeça da mulher medieval, que viveu muito antes da Revolução Industrial, não estava voltada para essa atividade (ou diversão ou passatempo) que requer inserção na sociedade industrial e estímulos para consumir.

Entretanto, se colocamos uma mulher medieval sofrendo ou amando, tendo medo ou sentindo coragem, estaremos atribuindo a ela um sentimento ou um comportamento compatível ao momento histórico em que viveu, uma vez que se trata de sentimentos e comportamentos atemporais, portanto supra-históricos.

Por isso não acreditamos estar incorrendo em anacronismo ao pensar nesse nosso ascendente como um ser que é diferenciado (afinal, não é um protozoário), que ousa, que se aventura.

Ao abandonar seu território, o *Homo erectus* não sentiria medo?

Cremos que sim. Mas o medo não é, necessariamente, paralisante. Com frequência nós o buscamos, desde crianças, no carrossel e na roda-gigante, nos túneis povoados por bruxos e caveiras, nas montanhas-russas dos parques de diversão. E que dizer do louco amor à velocidade, da volúpia por situações perigosas, das escaladas em montanhas lisas e geladas, das excursões nas selvas?

Amamos contos de fada porque terminam bem, mas principalmente por que neles corremos riscos, na confortável condição

Caverna de Shanidai, Iraque, onde foram feitos importantes achados do homem de Neanderthal.

de leitores engajados. O homem não pode viver num estado permanente de equilíbrio: tranquilidade, serenidade e calma excessivos são sinônimos não só de aborrecimento, de tédio, mas até de ausência de vida. O risco, aparentemente uma declaração de amor à morte, é paradoxalmente uma atitude radical que faz com que nos sintamos vivos. Precisamos de situações de risco, de momentos de desequilíbrio para podermos em seguida nos reequilibrar. Na paz e na tranquilidade da nossa casa, sentados em nossa poltrona, no calor de nossa cama, logo nos pomos a lembrar saudosos dos momentos de risco, de nossa aventura.

Condicionantes sociais e talvez genéticos nos fazem diferentes uns dos outros, também nesse aspecto. Para uns, a vida não pode dar descanso, há que estar em estado de tensão permanente: vida e aventura são sinônimos. Outros precisam de longos, imensos intervalos entre uma aventura e outra e seu medo os leva a viver as aventuras alheias: para isso há os programas de prêmios, imensas maratonas domingueiras na televisão, em que alguns de nós permanecem horas diante do aparelho eletrônico, sofrendo sem riscos a emoção do risco alheio.

PRINCIPAIS SÍTIOS de hominídeos do mundo

O *Homo erectus*, aquele indivíduo que saiu da África oriental não teria sido, nem que pudesse, um telespectador-padrão de Silvio Santos. Viver, para ele, era ousar, ousadia própria.

A escritora francesa Simone de Beauvoir, em seu maravilhoso livro *Todos os homens são mortais*, demonstra que a consciência da morte não deve ser uma limitação à vida, mas sua própria razão de ser: a existência é uma aventura da qual se deve usufruir a cada dia.

Nossos ancestrais não leram Simone de Beauvoir, mas não estavam dispostos a perder a vida pensando nos seus riscos. Antes, saíram para a aventura humana, a própria razão de ser da vida.

Vida sabidamente perecível. Por isso mesmo, vivida com intensidade.

Principais sítios arqueológicos do mundo

□ Ramapithecus
○ Australopitecíneos
☆ Homo habilis
■ Homo erectus
◀ Primeiros tipos de *homo sapiens*
● Homem de Cro-Magnon

2. Caçadores e coletores

A RECONSTRUÇÃO do passado

Um químico pode, a qualquer instante, combinar vários elementos em determinadas condições e proporções para comprovar um resultado obtido anteriormente. Poderá também experimentar outras combinações ou ainda se restringir àquela já escolhida, em proporções e condições diferentes, para tentar provar alguma hipótese. O próprio caráter da química é ser experimental, razão pela qual o cientista, utilizando-se de determinada metodologia, pode fazer afirmações universais, fundadas exatamente nos experimentos.

O pesquisador que tem como matéria-prima o passado não tem esse recurso. Pelo menos enquanto a máquina do tempo não for viabilizada (sonhar é preciso...), não temos como saber exatamente o que aconteceu no passado. É bem verdade que se utilizássemos uma maquininha corriqueira, daquelas que aparecem em filmes de ficção científica, correríamos sérios riscos; poderíamos ver algumas coisas acontecendo, mas não saberíamos como *explicá-las*. Por vezes, ver a aparência das coisas é a maneira mais distante de conhecer sua essência. Em vista disso, temos algo que se chama teoria ou método, que é a forma pela qual tentamos, a partir da aparência, chegar à essência das coisas. Admitimos, portanto, chegar ao passado, equipados por uma belíssima máquina e por uma metodologia adequada. Nosso conhecimento tornar-se-ia muito mais rico, sem dúvida.

Mas o fato é que essa máquina não existe. E nós queremos saber o que aconteceu ao nosso aventureiro *Homo erectus* que há 1 milhão de anos saiu da África centro-oriental. Como refazer seus passos? Como recompor seu cotidiano, imaginar suas práticas, conhecer seus valores? Como saber se esses homens viviam isolados ou em grupos, formavam famílias, desenvolviam crenças? Como chegar a seres tão distantes no tempo, considerando que só de poucos milênios para cá o homem inventou a escrita?

Cientistas e pensadores contemporâneos têm tentado responder a essas questões por meio de basicamente três formas, isoladas ou combinadas:

1) O raciocínio lógico e a teoria;
2) Escavações e análise de vestígios;
3) Observação de grupos contemporâneos que, supostamente, tenham padrões de existência semelhantes.

Todos os métodos têm suas vantagens e seus limites.

Conhecer o passado apenas por meio de argumentos lógicos e de teorias argutamente concebidas e habilmente formuladas pode transformar-se num excelente exercício mental, mas não necessariamente em algo mais do que isso. Já no século XIX, os cientistas sociais estabeleceram uma linha divisória entre as sociedades contemporâneas "civilizadas" – as chamadas *sociedades complexas* – e as "pré-civilizadas", as chamadas *simples* ou *primitivas*. O pressuposto implícito nessa concepção era o de que todos os grupos sociais haviam passado por etapas mais primitivas. Alguns teriam evoluído até chegar ao ponto em que os europeus (e as nações "civilizadas" pelos europeus) se encontravam. Outros continuariam marcando passo, permanecendo no mesmo estado durante séculos e séculos (seriam as tribos africanas e americanas, entre outros grupos). A ideia era a de que a um primarismo tecnológico corresponderiam uma organização social incipiente, um sistema de crenças baseado em superstições infantis e uma arte ingênua, o tempo todo tomado pela preocupação angustiante da sobrevivência.

Potes, ferramentas e adorno encontrados em sepulturas megalíticas (4000-3500 a.C.), na região de Carnac, França.

Durante muito tempo chegou-se a comparar o homem "primitivo" a uma criança, no sentido de que sua mente era pré-lógica. Segundo alguns, a lógica seria uma criação dos gregos, momento de ruptura entre civilização e barbárie...

Hoje, essas concepções são objeto de severa revisão. Podemos até compreender a autossuficiência do europeu do século xix desenvolvendo a indústria, colonizando o planeta todo, criando a ciência moderna e contrapondo-a à visão teológica do medievo, assentando as bases do que julgara ser um mundo de abundância e saber. Hoje, porém, quando questionamos as consequências desse progresso, que aparentemente tinha como meta a felicidade humana, não podemos continuar repetindo a mesma divisão.

Sabemos que riqueza técnica e progresso material não representam necessariamente garantia de riqueza espiritual ou artística ou de organização social. E que dizer da felicidade de seus membros, objetivo final de qualquer grupo? Ou não será essa a meta das sociedades humanas?

Será que a humanidade, cada vez mais evoluída em termos materiais e dotada de teorias cada vez mais sofisticadas, vem garantindo à grande massa da humanidade uma boa qualidade de vida? E – radicalizando o argumento –, mesmo entre aqueles que possuem toda espécie de tralha eletrônica e moram em apartamentos com guarita e academia de ginástica, a vida é conduzida sem tensões e competitividade, plena de paz, compreensão e solidariedade?

Não se trata, é claro, de negar os nossos avanços tecnológicos, mas será que nada temos para aprender dos "pré-civilizados"?

Há um hiato entre o saudosismo irrealista e a euforia acrítica com a modernidade. Adotar, sem um exame mais detalhado, qualquer teoria que pretenda em poucas páginas ensinar a "ler" a realidade é ingênuo. Mesmo porque o perigo das grandes teorias é que, quando confrontadas com fatos, tomam aparência de dogmas de fé. Entre a teoria imaginada e os fatos comprovados, os místicos da ciência abstrata decidem, sem dó: pior para os fatos; quem mandou eles ousarem enfrentar sua concepção teórica tão bem construída?

COMO VIVEM os primitivos

O século XX, ao questionar um pouco mais a sabedoria do homem contemporâneo, passou a se situar mais humildemente diante de nossos ancestrais. Escavações sistemáticas e cuidadosas revelaram, inicialmente, que o hominídeo originava-se da África e não da Europa, contestando a certeza que se instalara entre os sábios europeus. De repente, os ocidentais "civilizados" passaram a se perguntar a respeito dos "primitivos". Seriam eles tão primitivos assim? Em vista dessas interrogações, cientistas resolveram fazer observações sistemáticas, tanto em grupos de primatas como chimpanzés, gorilas e gibões, quanto em algumas tribos de humanos que sobrevivem como caçadoras-coletoras, forma de existência que se supõe tenha sido universal desde 1 milhão até pouco mais de 10 mil anos atrás.

Os relatos das observações são surpreendentes e mostram sociedades muito mais sofisticadas do que se imaginava. O caso mais interessante talvez seja o estudo feito por pesquisadores da Universidade de Harvard em uma comunidade dos !Kung, coletores-caçadores que vivem no deserto de Calaari entre os países de Angola, Namíbia e Botsuana.

Durante a estação úmida de verão (de outubro a maio) pequenos grupos de trinta pessoas, cerca de seis famílias, constroem seus acampamentos temporários próximo de bosques e se mudam a cada três ou quatro semanas. Sua mobilidade, no dizer de Richard Lee, um dos pesquisadores, não é decorrente de qualquer ato de desespero, mas de simples conveniência: quanto mais permanecem num único local, maior será o percurso diário para coletar alimentos.

Nada é acidental: trinta pessoas é considerado um número ideal, nem tão pequeno que tire a capacidade defensiva e de captação de alimentos, nem tão grande que impeça a subsistência de todos.

No período paleolítico, a arte representa prioritariamente animais: pintura rupestre, gruta de Lascaux, de cerca de 21 mil a.C.

Nos meses de seca, inicia-se o período mais social dos grupos: três ou quatro deles congregam-se em torno de um ponto com água permanente e há uma intensa troca de presentes (não se trata de comércio, nem mesmo de escambo), intercâmbio de experiências com histórias contadas de lado a lado, elaboração ou estreitamento de alianças e atividades que levam à formação de novos pares.

Paralelamente às atividades agradáveis que o grupo maior propicia, vem a grande desvantagem: para alimentar todo o pessoal, o trabalho aumenta muito e distâncias muito grandes têm de ser percorridas para encontrar-se caça ou alimento para ser coletado. Assim, logo que as primeiras chuvas começam a cair, cada grupo de trinta volta a viver sua própria vida. Ocorre, no entanto, uma diferença importante: defecções, cisões e acréscimos alteram a composição interna dos pequenos grupos, propiciando uma constante renovação e adequação, permitindo uma válvula de escape aos descontentes de maneira que conflitos e tensões possam ser resolvidos. Como se vê, uma solução inteligente. Nem sempre nós conseguimos resolver com a mesma habilidade problemas de pessoas descontentes em nosso grupo, sejam elas minorias, marginais ou dissidentes.

Poder-se-ia alegar que os !Kung não têm cultura. Na verdade, seu modo de vida não permite uma produção intensa de bens materiais, uma vez que a mobilidade frequente faz com que cada um não carregue mais de doze quilos de bagagem. Entretanto, segundo Lee, as danças, canções e histórias praticadas pelo grupo sintetizam uma cultura tão rica quanto a de qualquer outro povo.

Há no grupo uma divisão sexual das tarefas: as mulheres coletando, os homens caçando. Acredita-se que isso muito tenha a ver com a própria característica da caça, que exige movimentos furtivos e silêncio total, incompatíveis com a presença das mulheres acompanhadas por crianças barulhentas. Por isso, a mulher coleta e tem filhos, os quais ela amamenta até a vinda do seguinte, após três ou quatro anos. Esse espaçamento é idêntico ao de outros grupos coletores-caçadores ainda existentes no mundo e certamente tem relação com a necessidade de transporte/locomoção das crianças. Se o espaçamento fosse muito curto, a mobilidade do grupo ficaria prejudicada.

Os !Kung deslocam-se para novos acampamentos a cada quinze ou vinte dias. Evitam ter de percorrer longas distâncias nas suas atividades diárias de caça e coleta.

A caça e a coleta são atividades distintas em muitos aspectos. A primeira tanto pode resultar em sucesso, ou seja, no abate de um grande animal que alimente o grupo por semanas, como pode redundar em fracasso completo. Ela é feita por homens e em silêncio. Já a coleta, ruidosamente feita por mulheres (que a utilizam como eficaz forma de socialização), sistematicamente termina com vegetais suficientes para que o grupo coma durante três dias.

Em oposição ao mito de que as pessoas nesse tipo de cultura vivem apenas para a subsistência, Richard Lee apresenta a tabulação das horas de trabalho: vinte e uma horas semanais os homens despendem com a caça e doze as mulheres, com a coleta (que fornece 70% da dieta do grupo). Acrescentando-se a elaboração das ferramentas e o trabalho doméstico, Lee chega a quarenta e quatro horas de trabalho para os homens e quarenta para as mulheres, as quais, por outro lado, têm quase total responsabilidade pela educação das crianças. Como se vê, nada além da média considerada aceitável em nossos dias.

A repartição da carne de caça passa por longos rituais que se iniciam com a autodepreciação do feito pelo próprio caçador e culminam com um complexo sistema de distribuição do produto, em que interferem alianças, parentescos e devolução de favores.

No final das contas todos acabam sendo atendidos, recebendo seu quinhão. Interessante é que o caçador deve desvalorizar seu feito (tanto mais quanto maior for a caça) diante de todos os membros do grupo para que não se sinta superior a quem quer que seja. Embora alguns sejam melhores caçadores do que outros, isso não implica uma ascendência ou mesmo um prestígio maior. Como decorrência dessa postura, o grupo não tem líder nem subordinados; todas as coisas são decididas em conjunto, e as pendências, resolvidas mediante zombarias.

O baixo nível da tecnologia dos !Kung é compensado com a extrema habilidade que possuem para as tarefas vinculadas à sua sobrevivência e à sua profunda ligação e adequação ao meio ambiente. Sua forma de vida permite muito lazer, levando a uma profunda socialização: visitas entre membros de acampamentos vizinhos são frequentes e realizadas com ruidosas manifestações de prazer.

Assim viviam nossos antepassados há 1 milhão de anos ou há 20 mil anos? Não sabemos, com certeza. Mas, em caso positivo, não temos por que sentir vergonha de descender deles.

UM MILHÃO de anos caçando

A partir do instante em que nossos antepassados africanos iniciaram sua caminhada em direção à Ásia e Europa, cerca de 1 milhão de anos atrás, muito tiveram de caminhar para se transformarem no *Homo sapiens sapiens*, o homem moderno, alguém como nós.

É interessante constatar que deve ter sido relativamente pequeno o número de hominídeos que saiu da África, o que dá corpo à nossa especulação apresentada anteriormente e questiona bastante a hipótese do êxodo por razões de sobrevivência: acredita-se que 900 mil anos após o início da viagem do *Homo erectus*, ou seja, há 100 mil anos, a população africana ainda era cerca de dez vezes superior à de todo o restante do globo.

De qualquer forma, na África, na Europa ou na Ásia, as atividades continuavam baseadas na caça e na coleta. Talvez uma

O domínio do fogo é uma das mais significativas diferenças entre os homens e os animais. Além de sua função objetiva, o fogo tem funcionado para as pessoas como meio de reforçar os laços sociais e de espantar os espíritos do mal. Na foto, grupo !Kung reúne-se em torno de uma fogueira.

caça mais organizada e planejada, em grandes grupos e demandando uma sofisticação administrativa maior, mas sempre caça.

O *Homo erectus*, que, como vimos, tinha tronco e membros basicamente idênticos ao nosso, vai dando lugar a dois descendentes, o *Homo neanderthalensis* e o *Homo sapiens fossilis*, nosso ancestral direto. Alguns pesquisadores desenvolveram a hipótese de que o homem de Neanderthal teria chegado, à custa de uma especialização genética excessiva, a um beco sem saída, tornando-se inadequado a alguma importante mudança climática e tenha desaparecido há cerca de 30 mil anos. É possível, contudo, que o homem moderno, como nós, *Homo sapiens sapiens*, datado de 50 mil anos atrás, tenha incorporado o Neanderthal por meio de cruzamentos sucessivos em que algumas diferenças genéticas

Cena de caça: pintura rupestre do período neolítico localizada em Valcamonica, Itália.

tenham deixado de existir. Há ainda os que acenam com a impossibilidade de cruzamento genético entre espécies diferentes e acreditam que os neanderthalenses tenham sido mortos pelos nossos ancestrais diretos, que formavam imensa maioria.

A coisa toda está envolta em hipóteses de difícil comprovação, pelo menos até que novas evidências apareçam, o que se espera para logo, com as inovadoras pesquisas baseadas no DNA. O fato é que uns e outros eram caçadores e, embora se acredite agora que ocasionais experiências de agricultura tenham ocorrido antes, a data-chave para a grande revolução situa-se 10 mil anos atrás. Só nessa época é que o homem teria se iniciado sistematicamente como agricultor, mudando sua História, alterando sua relação com a natureza, passando de simples consumidor a produtor, e de paciente a agente transformador da natureza.

É verdade que essa revolução não ocorreu acidentalmente e não faz nenhum sentido especular, o que poderia ter acontecido se outro animal tivesse descoberto a agricultura. O fato é que não poderia. Afinal, mesmo antes de nos transformarmos em homens modernos (ou *Homo sapiens sapiens*), aprendemos coisas que nenhum animal aprendeu. Uma delas é criar ferramentas. Um primata até pode saber usar um pedaço de pau ou uma pedra, mas não saberá usar uma ferramenta para adequar essa pedra ou esse pau ao objetivo a que se destina. Outra delas é a administração do fogo. Dominando o fogo, o homem teve vantagens simbólicas e objetivas. Assando a carne, tornou-a mais digestiva, conseguindo dessa forma controlar melhor o sono, mesmo após refeições pantagruélicas. Dormindo em volta do fogo também descansava melhor, sem tantos sobressaltos, pois sabia que as feras temiam aproximar-se daquela luminosidade mágica.

Consciente do seu domínio sobre o fogo, sabendo utilizar as ferramentas, organizando caçadas de animais maiores e mais poderosos que ele e atuando em grupos de solidariedade, o homem estava pronto para uma mudança radical na sua forma de existência: aquilo que chamamos de Revolução Agrícola.

3. Agricultores e criadores

DE CAÇADOR a criador, de coletor a agricultor.

Grupos humanos sofreram essa transformação em momentos diferentes, com intensidade diversa e em diferentes locais do mundo.

Até pouco tempo, sob a influência do evolucionismo e de um marxismo mal digerido, acreditava-se que essas passagens fossem *necessárias* e *positivas*, ou seja, tivessem acontecido em todas as sociedades, melhorando-as sempre. Hoje já se discute, em Antropologia, se a felicidade de um grupo depende do gado confinado e da terra domada. Pensávamos, com alguma ingenuidade, que o homem deveria ficar mais seguro e tranquilo quando chegasse a ter uma plantação em sua propriedade, superando sua condição de "selvagem coletor" que, para sobreviver, tem de sair "procurando" raízes ou frutos. O fato é que as coisas não se passavam exatamente assim na cabeça do coletor (a quem acabamos atribuindo inseguranças que são nossas e de hoje). Para ele, raízes e frutas lá estão para serem colhidas e não como um acidente, uma eventualidade. O domínio que os coletores tinham do seu ambiente lhes dava um grau de segurança bastante grande para saberem, nas diferentes épocas do ano, quais os locais que ofereciam determinados alimentos.

Autores como o antropólogo Pierre Clastres chamam a atenção para mitos que tomaram corpo pela repetição e não pela evidência. Um deles é o de que, necessariamente, a coleta e a caça

Centros de culturas primitivas no Crescente Fértil

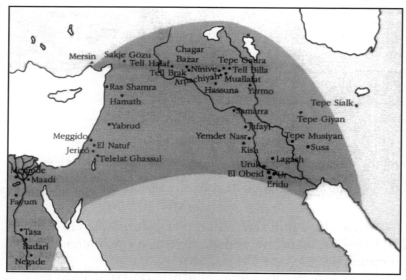

Centros de grandes civilizações

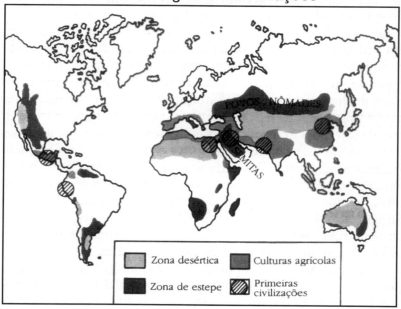

seriam atividades primitivas porque inseguras, enquanto a agricultura e a criação engendrariam forte sentimento de segurança material. Como todas as falácias, essa é uma meia verdade, uma vez que a agricultura, como atividade humana na busca de submeter a natureza, corre riscos naturais como secas, pragas e enchentes. Por se constituir em riqueza concentrada (muito alimento num só lugar), a agricultura atraía a cobiça de vizinhos mais preocupados em atividades de guerra do que em organização agrícola. Já um grupo de coletores, vivendo em simbiose com a natureza, poderia ter uma certeza até maior de sua sobrevivência, sem tanto temor das desgraças climáticas ou de grupos invasores.

O que estamos questionando – fique bem claro – é o caráter *necessário* e *positivo* da passagem de um tipo de organização social "primitivo" para outro tipo de organização social mais "evoluído". Essas transformações ocorrem em situações concretas que precisam ser estudadas particularmente.

Não está em discussão – porque são uma evidência – a importância, o significado histórico das transições, onde elas de fato ocorreram. O que não se pode é, simplesmente, atribuir ao "primitivismo" de um grupo, a seu caráter de "pré-civilizado", a não ocorrência da passagem de coletor a agricultor.

A REVOLUÇÃO Agrícola

Pelos conhecimentos atuais supõe-se que a primeira atividade agrícola tenha ocorrido na região de Jericó, num grande oásis junto ao Mar Morto, há cerca de 10 mil anos. A hipótese que atribuía ao Egito a condição de berço da agricultura já não tem tantos seguidores. Estabelecer uma certeza a esse respeito torna-se difícil. Não há como levantar uma documentação indiscutível: os trigais desapareceram com o tempo. Só por meio de comprovações indiretas – ruínas arqueológicas dos silos em que os cereais eram armazenados – é que se pode tentar datar o início de uma atividade agrícola sistemática.

De qualquer forma, por meio de difusão ou de movimentos independentes, supõe-se que o fenômeno tenha se desenvolvido também na Índia (há 8 mil anos), na China (7 mil), na Europa (6500), na África Tropical (5 mil) e nas Américas (4500).

Os produtos cultivados variavam de região para região com a natural predominância de espécies nativas, como os cereais (trigo e cevada), o milho, raízes (batata-doce e mandioca) e o arroz, principalmente. Uma vez iniciada a atividade, o homem foi aprendendo a selecionar as melhores plantas para a semeadura e a promover o enxerto de variedades, de modo a produzir grãos maiores e mais nutritivos do que os selvagens.

Por que se fala em Revolução Agrícola? Porque o impacto da nova atividade na história do homem foi enorme. E não se trata apenas de questão acadêmica, mas de algo real e palpável como o próprio número de seres humanos sobre a face da Terra.

De fato, nos sistemas de caça e coleta estabelece-se um controle demográfico resultante da limitação da oferta de alimentos. Pouco alimento, pouca gente. Não é por não existirem alimentos na natureza, mas porque sua obtenção torna-se extremamente mais complicada para grandes grupos (como já vimos em capítulo anterior).

Além disso, o caçador e o coletor não podem chegar ao extremo de dizimar suas reservas alimentares (animal ou vegetal) sob pena de prejudicar a reposição ou reprodução; a técnica de caça, sendo levada para além de certos limites, pode criar um desequilíbrio ambiental. Nós, "civilizados", sabemos disso, pois já conseguimos destruir raças e espécies inteiras de animais graças a técnicas sofisticadas de caça. Viver em simbiose com a natureza significa, exatamente, respeitá-la.

Há outro fator que determinava o controle populacional: em grupos de caçadores e coletores, crianças pequenas constituem empecilhos tanto para a fácil locomoção da tribo (que precisa, como já vimos, ter grande mobilidade) quanto para a própria obtenção do alimento. Elas não podiam caçar e atrapalhavam as mães nas longas caminhadas que precisavam ser feitas para a busca de raízes; caminhadas tanto maiores quanto maior fosse o grupo (pois necessitava de mais alimento) e quanto mais tempo estivesse o grupo acampado no mesmo local (pois o alimento mais próximo ia se esgotando).

A PRIMEIRA explosão demográfica

Já na agricultura, a coisa mudava de figura. Mesmo quando transumante, o grupo agrícola tinha de se fixar num local tempo suficiente para que sua plantação produzisse ao menos uma vez. A área plantada ficava bem próxima ao acampamento (ou melhor, não havia porque fixar o acampamento longe de áreas agricultáveis), propiciando trabalho com menos locomoção por parte das mulheres. De resto, mesmo crianças de pouca idade eram utilizadas pelo grupo como força auxiliar de trabalho. De empecilhos que eram em sociedades pré-agrícolas, tornavam-se braços úteis. Locomovendo-se menos, usando as crianças para a agricultura e tendo um suprimento alimentar menos limitado, os grupos passam a se reproduzir mais, propiciando um crescimento demográfico notável.

Com o advento da agricultura, os grupos podem ser maiores, desde que dentro de limites estabelecidos pela fertilidade do solo, quantidade de terra disponível e estrutura organizacional da tribo. Quando o crescimento do grupo entrava em contradição com qualquer um desses fatores, ocorria uma cissiparidade, procurando a tribo derivada – e às vezes até a de origem – um outro local. Esse processo intenso de subdivisões e deslocamentos iria provocar uma onda de difusão da agricultura e da atividade pastoril.

Acredita-se, portanto, que durante muito tempo a atividade agrícola não fixou em *definitivo* o homem ao solo; apenas deixou-o mais sedentário do que quando coletor e caçador.

A transumância foi uma característica importante do início da Revolução Agrícola. E, por consequência, a difusão cultural também caracterizou essa revolução: podemos imaginar numerosos grupos reproduzindo-se e subdividindo-se, plantando e criando, invadindo espaços de caçadores e coletores, convivendo entre si ou em guerras, ou ensinando e submetendo os habitantes da região ocupada.

Não se pode pensar em agricultores "respeitando" a cultura de coletores, compreendendo e aceitando o estágio de desenvolvimento socioeconômico deles. Não é razoável supor que agricultores e criadores aguardassem, liricamente, que o crescimento de suas forças produtivas os levasse a se tornarem também plantadores e criadores... Como toda grande revolução da humanidade, essa também teve seus arautos e corifeus, bem como sua massa de cooptados e subjugados.

A revolução agrícola torna-se quase irresistível. Seu avanço, a partir de poucos focos difusores, atinge áreas cada vez mais extensas, cercadas por contornos marginais, como diz o antropólogo brasileiro Darcy Ribeiro. Esses contornos vão diminuindo a ponto de se tornarem simples pontos quase esquecidos pelo avanço da História.

Isso é bom? Isso é mau?

O fato é que a revolução agrícola paulatinamente destrói formas de existência anteriores, e os povos que se mantêm coletores são poucos e facilmente assimiláveis às ideias da revolução, quando atingidos.

COMO COMEÇOU a criação

O homem aprendeu antes a plantar, a domesticar os animais e a criá-los, ou ambas atividades surgiram de maneira simultânea? Pelos dados que se tem até hoje, a maior parte dos especialistas acredita que a agricultura se desenvolveu antes da criação. Ainda hoje há tribos de agricultores que não possuem animais domésticos; há grupos que aliam a agricultura à caça; e não se tem notícia de criadores que desconheçam a atividade agrícola.

Gordon Childe imagina que a criação pode ter-se iniciado a partir de alguma seca prolongada no Oriente Médio. Em razão disso, animais que viviam adequadamente com uma baixa precipitação de chuva teriam ficado em situação desesperada, sem água e tendo a necessidade de procurar um oásis em busca de algum alimento ou líquido. Lá já estariam os animais predatórios – em busca de água e caça – e o próprio homem. Sendo o homem agricultor, é possível imaginá-lo permitindo que os animais pastassem em seus campos já colhidos – ou ceifados – e se alimentassem das hastes de cereais que ficavam no chão. Fracos demais para fugirem e magros demais para servirem de alimento, carneiros e bois instalavam-se e eram aceitos pelos homens, que teriam estudado seus hábitos, expulsando leões e lobos e eventualmente até lhes oferecendo alguma sobra de cereal como alimento complementar.

Em troca, os animais teriam sido domesticados, habituando-se à presença do homem e confiando nele (no que cometeram um evidente erro de avaliação...).

O gado confinado funcionava como uma reserva de caça, no início. Aos poucos, o homem teria estabelecido critérios no abate dos animais, sacrificando apenas o necessário à sua alimentação. Preservando os mais dóceis e matando os não domesticáveis, ia promovendo uma criação seletiva.

Ao chegar novamente o momento de plantar, alguns agricultores teriam simplesmente expulsado os animais. Outros, porém, já conhecendo seus hábitos, levavam-nos a locais onde havia abundância de água e alimentos, impedindo o ataque de animais selvagens e deixando-os tranquilos com relação à sua sobrevivência. Assim, aos poucos, o rebanho passou a ser não apenas domesticado, mas verdadeiramente dependente do homem.

Em alguns casos esse processo não teria dado certo porque o animal escolhido não seria domesticável, pela sua própria natureza. Mas, em outros, o sistema ter-se-ia aperfeiçoado a ponto de mostrar ao homem outras vantagens da criação, entre as quais o esterco, que ele havia aprendido a utilizar para adubar seus campos e conseguir maior produtividade; e ainda o leite, transformado num alimento muito importante, com a grande vantagem de não exigir a morte do animal.

Mais tarde, o couro passa a ter grande importância em alguns grupos e a lã de algumas espécies, como da ovelha, passa a desempenhar significativo papel na economia de outros grupos.

Em alguns casos, a criação continua sendo atividade complementar: um pequeno número de animais, alimentados por pastos naturais em volta do aldeamento e por restos de colheita em diferentes épocas do ano. Com jovens, não muito úteis para outras atividades atuando como pastores, a vida econômica do grupo não sofre muitas alterações, permanecendo baseada na atividade agrícola organizada.

Expansão agrícola no mundo

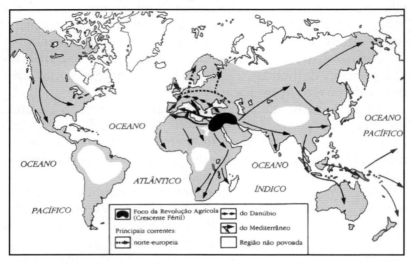

EXPANSÃO agrícola no mundo

O crescimento do rebanho poderia ocorrer, exigindo algumas definições. Nesse caso seria necessário promover o desmatamento de uma área, transformando mato e floresta em pasto.

Eventualmente, seriam plantadas determinadas espécies exclusivamente para alimentar o gado. Poderia ocorrer também uma migração de parte da população atrás do gado que caminhava em busca de pastos verdejantes. Em alguns lugares uma pequena fração da comunidade migra, mas em outros a maior parte da população acompanha o gado, o qual deixa de ser uma atividade complementar, tornando-se a mais importante base econômica do grupo. É provável que essa tenha sido a origem de tribos e povos criadores.

O fato de a criação ter existido ou existir quase como atividade única em povos da Arábia ou da Ásia central não significa, portanto, que eles não tenham passado pela Revolução Agrícola antes do início de sua atual atividade pastoril.

De qualquer forma, é difícil estimar a data do início da economia criadora. Vasilhas de couro em vez de potes de cerâmica e tendas de couro em vez de paredes de alvenaria quase não deixam resquícios que possam fornecer base aos arqueólogos. Vale, nesse caso, a capacidade de dedução a partir de casos semelhantes. E, por que não, uma boa dose de imaginação.

HÁ UMA cultura neolítica?

O conceito de Revolução Agrícola não deve ser entendido como o de uma mudança estrutural em ritmo acelerado, conotação que acompanha habitualmente a palavra revolução. Não se deve pensar que a passagem da atividade coletora para a agrícola tenha se dado de uma forma brusca ou por um toque de mágica. Deu-se, antes, por meio de um longo processo que inclui cuidadosa percepção dos fenômenos naturais, elaboração de teoria causa/efeito e mesmo doses de acidentalidade. Um grão caído na terra começa a germinar e é observado em seu crescimento por algumas mulheres que estão coletando na área: aí temos, provavelmente, o ponto de partida da transformação. Mas só o ponto de partida. Afinal, entre saber que os vegetais crescem se plantados, e conseguir organizar uma plantação racional e rentável, existe uma longa distância que passa pela necessidade de alteração em padrões de comportamento já arraigados. Daí se acreditar que a convivência da agricultura com a coleta deve ter sido o fenômeno mais comum durante muito tempo.

De todo modo, a transformação da economia coletora em uma economia produtora (mesmo que uma economia simples, de produção de alimentos) provocará grande transformação no grupo. Pela primeira vez haverá um excedente a ser armazenado. Isso não decorre da vontade manifesta dos membros do grupo ou de algum sentimento de usura, mas da própria realidade ditada pela natureza: os grãos produzidos ficam maduros de uma só vez numa certa época, não ao longo do ano todo. Deverão no entanto ser consumidos lentamente, em refeições distribuídas por todo o ano. Além disso, parte da colheita deverá servir de semente na próxima

Durante o período neolítico, as formas de habitação evoluem, tornando-se mais estáveis para abrigarem comunidades que praticam a criação e a agricultura.

semeadura. O grupo precisa mudar sua atitude com relação ao alimento: começa a planejar e a poupar; começa também a construir silos, depósitos adequados para armazenamento dos grãos.

Entre as construções mais antigas que sobreviveram até hoje estão os silos de Faium, no Egito, e Jericó, na atual Cisjordânia, comprovando uma mudança na organização econômica e na mentalidade dos grupos neolíticos.

A produção de um excedente agrícola, somada à atividade criadora (que no fundo representa a produção de um excedente de carne), servirá para atender às necessidades da comunidade em períodos mais duros, propiciando crescimento da população e o surgimento posterior de um comércio incipiente. Mas isso só virá depois. De início a comunidade é autossuficiente, uma vez que coleta ou produz todo o alimento de que necessita, utiliza matérias-primas da região para os equipamentos necessários

A agricultura e a criação mudaram as condições de vida dos grupos humanos que passaram a construir aldeias permanentes, o que lhes permitiu também erguer monumentos de pedra elaborados como os megalitos. O túmulo de Dissignac, na ilustração, é um exemplo de megalito.

(madeira e palha, argila e pedra, ossos e chifres) e fabrica suas próprias ferramentas e utensílios.

Independência econômica não pode ser confundida com isolamento. Contatos entre tribos neolíticas devem ter sido frequentes e até amistosos. Encontros de pastores nos pastos e de agricultores nos oásis ocorreram muito, o que não ocorreu foi a transformação de contatos informais em algum tipo de união ou integração política. Trocas eventuais de produtos excedentes não alteram a estrutura dos grupos.

Por isso mesmo, dificilmente poder-se-ia falar em uma cultura neolítica comum a todos os povos do período. Cada grupo, a partir do número de seus membros, condições geoclimáticas, fauna e flora naturais, matéria-prima disponível, além de outros fatores, estabelecia sua especificidade cultural concretamente construída. Sem apelar para o determinismo geográfico, devemos reconhecer que sua diversidade era tão grande quanto a variedade dos territórios ocupados.

Só um evolucionista fanático e obtuso poderia imaginar realidades culturais idênticas a partir de vivências tão distintas. Se na Europa Ocidental a agricultura nômade foi predominante, em Creta e na Tessália mesmo os aldeamentos mais antigos parecem ter sido permanentes. Alguns grupos tinham na caça uma atividade central, outros na criação, enquanto para terceiros a carne era desprezível como alimento. As mesmas diferenças se estabeleciam no que se refere ao tipo de cereal predominante, à característica do artesanato, às práticas e rituais, e assim por diante.

Assim, em vez de cultura neolítica, seria mais correto referir-se às culturas neolíticas, no plural.

DIVISÃO sexual de tarefas

Nos grupos precedentes à Revolução Agrícola já havia uma divisão sexual de tarefas: ao homem cabia a caça e a preparação de todo o equipamento para essa atividade, enquanto a mulher era a coletora e a responsável pela educação dos filhos. Com as mudanças proporcionadas com o advento da agricultura, o homem passa a derrubar os bosques e preparar a terra para a plantação, deixando a rotina da lavoura nas mãos das mulheres. São elas que cuidam da casa, das crianças, da comida e da colheita, submetidas à rotina massacrante dos dias iguais, que tolhem a criatividade e reduzem a imaginação ao horizonte de suas vidas.

O homem não é o principal produtor. De resto já não o era antes. Vimos que a atividade de coleta propiciava na maioria das vezes mais alimentos ao grupo que a caça. O homem mantinha sua importância pelo significado simbólico que a carne tinha, pela sua relativa raridade até. De uma forma ou de outra, o homem trazia alimentos para casa. Já nas sociedades agrícolas, a mulher era quem semeava, colhia e preparava os alimentos, ficando os homens fora da produção direta.

Como então eles mantinham sua dominação sobre as mulheres? Por meio de mitos, ritos e instituições que garantem seu poder. Crenças e cultos perpetuam uma precedência social que já não corresponde ao papel masculino na nova economia dos povos agrícolas. Força física para dissuadir e manipulação do sistema ideológico para manter e reproduzir o poder foram armas do homem nas comunidades agrícolas.

Nas sociedades pastoris a dominação não precisava dessas sofisticações, uma vez que os homens desempenhavam relevante papel no sistema produtivo. Como resultado, a mulher ficava em uma atitude ainda mais submissa.

A força física do homem, que lhe dá condições melhores de guerrear – atividade frequente no Neolítico – faz com que sua precedência sobre a mulher se amplie. A diferença entre os sexos tem uma origem biológica, mas vai adquirindo uma explicação histórica. Simone de Beauvoir costumava dizer que ninguém nasce mulher, mas se transforma em mulher.

Ela não nega, é claro, que alguns seres humanos venham ao mundo com características físicas diferentes de outros. É evidente que há a mulher *objetiva*, aquela que é mais fraca que o homem, que fica menstruada, que engravida, que dá à luz, que amamenta. Mas, se nessas características podem estar plantadas as origens da diferença, esta se materializa na História, isto é, na prática cotidiana e nos valores cristalizados, nos estereótipos e na manipulação ideológica. Valorizar a carne sobre o cereal, a derrubada da mata sobre o cultivo contínuo resulta em sacerdotes masculinos e deuses executivos machos assessorados por belas (e necessariamente "puras") sacerdotisas.

A reprodução da desigualdade (qualquer que seja) continuará ocorrendo enquanto houver dominadores interessados e dominados conformados e/ou ignorantes.

A sociedade neolítica estabelecia divisão de tarefas e não de trabalho, a chefia era um ônus e não privilégio, não havia apropriação de excedente por parte de alguns. Mas, entre os iguais, os homens eram um pouco *mais iguais* que as mulheres.

4. ...E o homem criou as cidades

A vida nas grandes cidades modernas estabelece uma distância enorme entre seus habitantes e a natureza. É comum as professoras darem às crianças da pré-escola um grão de feijão deitado sobre um pedaço de algodão molhado para que o aluno tenha ao menos uma ideia sobre o ciclo de vida vegetal: de outra forma, ele poderia pensar que vegetais são fabricados em sacos plásticos ou caixas, ostentado cores atraentes e códigos de barras. O fato é que o habitante de uma cidade recebe sua formação em vista do mundo que espera, e não de uma ligação com a natureza orgânica. Despreparado, é candidato à morte por inanição caso se perca num bosque não muito distante de casa: não reconhece árvores frutíferas e raízes que podem servir de alimento; é incapaz de matar pequenos animais improvisando armas; não sabe tecer com fibras de piteiras e palmeiras uma proteção adequada; e, sem instrumentos industriais, perde o senso de localização, não encontrando o caminho de volta.

Há toda uma sabedoria desenvolvida ao longo de milênios, que nós, urbanos, jogamos fora pela janela do nosso confortável apartamento. A natureza foi dominada pelos humanos como grupo, não como indivíduos isolados. O poder que sentimos na qualidade de reis dos animais nos dá a falsa sensação de que cada um de nós é capaz de perpetrar as proezas que apenas alguns conseguem realizar.

Como, por exemplo, sobreviver num bosque.

Urbanos por excelência, somos dependentes. Dependemos do agricultor que planta e do boia-fria que colhe; do engenheiro que projeta, do operário que fabrica e do comerciante que vende; dependemos da prospecção de petróleo no Golfo Pérsico, da água domada em Itaipu, da lenha das florestas dizimadas pelo país todo. Nossas pernas são as rodas dos ônibus e dos trens, nossos olhos são o vídeo da televisão, nosso horizonte são os postais que amigos nos impingem após suas viagens pasteurizadas.

Não, não é da cidade moderna, muito menos da metrópole que vamos falar aqui. Quando falamos de revolução urbana, não se pense em cidades como as nossas, nem em cidadãos com valores semelhantes aos nossos.

POR QUE surgem as cidades?

Antes de tudo, por quê? Mais uma vez a resposta não é fácil. Não havia fundadores destemidos ou idealistas decididos a fundar uma cidade. Não havia consciência individual ou de grupo que tenha levado pessoas a plantar os alicerces de agrupamentos urbanos no Egito ou na Mesopotâmia. Não havia modelos e objetivos bem determinados como os daqueles que criaram Brasília, Belo Horizonte ou Londrina, nem mesmo projetos mais ou menos claros, como os daqueles que fundaram tantas cidades em nosso país.

Há 5 ou 6 mil anos não havia referências para serem seguidas ou parâmetros previamente estabelecidos e a estruturação das cidades decorre de uma série de circunstâncias sociais complexas a ponto de, até hoje, não haver consenso a respeito dos fatores mais relevantes a respeito do tema.

Voltando ao *porquê*: Gordon Childe fala de uma revolução que "transformou pequenas aldeias de agricultores autossuficientes em cidades populosas". A impressão que a frase nos passa é a de que logo após se organizar sedentariamente como agricultor, atingindo a autossuficiência e administrando o excedente, o homem administra uma nova mudança, desta feita quase natural e sempre obrigatória: a urbanização.

Um rápido olhar acusa uma aparente coincidência: a agricultura inicia-se no Oriente Próximo, a urbanização também. Falamos mais exatamente do Crescente Fértil (vide mapa na página 44) como local onde as Revoluções Agrícola e Urbana teriam se realizado.

Assunto resolvido, portanto? Não. Se houve uma relação mecânica entre uma revolução e outra, por que a organização de cidades não ocorreu com todos os produtores de alimento do Crescente Fértil? Por qual motivo em alguns lugares as aldeias se transformaram em cidades e noutros elas continuam no mesmo estado durante séculos (e até milênios)? O que fez com que a urbanização tenha sido um privilégio, ao menos inicial, do sul da Mesopotâmia e do vale do Nilo?

O especialista Braidwood arrisca uma engenhosa hipótese para explicar a questão. Para ele, as encostas das montanhas e os vales podem ser cultivados sem grande dificuldade. No caso de regiões onde hoje ficam o Líbano, a Síria ou Israel, a terra fértil e a chuva de inverno funcionaram como elementos favoráveis ao plantio e as montanhas razoavelmente verdejantes como local adequado ao pastoreio. Um local "feito de encomenda para agricultores principiantes" que poderiam "levar uma vida aprazível, sem muito trabalho". A larga extensão de terras permitiria ainda pequenos deslocamentos por parte dos grupos por ocasião do esgotamento do solo.

Já no sul do Egito e da Mesopotâmia, as condições geoclimáticas eram (e continuam sendo) bastante diferentes. A chuva, nesses locais, é praticamente inexistente. A fertilidade da terra, após as cheias, é excelente. Mas para ela ser utilizada pela agricultura, de forma sistemática, os rios precisam ser domados.

Tome-se o Nilo, por exemplo. O rio, anualmente em fins de setembro ou começo de outubro, inundava suas margens, depositando nelas vivificante camada de solo novo, rico em matéria orgânica. Junto com os benefícios que trazia, a cheia criava pântanos e infestava as margens de crocodilos. Era necessário construírem-se diques e reservatórios para controlar a água, soltando-a lenta e adequadamente, de modo a não encharcar em excesso após as cheias nem permitir que a terra gretasse meses depois.

Com o Tigre e o Eufrates, na Mesopotâmia, as condições naturais eram diferentes, mas o processo caminhava na mesma direção. Lá, por conta da irregularidade do degelo nas vertentes, as cheias eram surpreendentes e intempestivas – às vezes destruidoras. A extrema fertilidade das terras às suas margens (pelo menos ao sul de Bagdá) requeria uma defesa contra a imprevisibilidade dos rios, o que era obtido por meio da construção de valas que, graças à topografia plana e aos canais e braços naturais, desviavam as águas para onde fosse necessário.

No Egito e na Mesopotâmia havia, portanto, condições potenciais altamente favoráveis à agricultura, condições essas, entretanto, que precisavam ser aproveitadas com um trabalho sistemático, organizado e de grande envergadura. Talvez por isso a urbanização tenha-se desenvolvido antes aí e não em outras regiões do Oriente Próximo.

A necessidade é a mãe das invenções. Nos vales e encostas férteis e relativamente chuvosos, a vida corria normalmente e as pessoas não precisavam tornar mais complexas suas relações de trabalho. Mas construir diques, cavar valetas, estabelecer regras sobre a utilização da água (para que quem tivesse terras perto dos diques não fosse o único beneficiário) significava controlar o rio, fazê-lo trabalhar para a comunidade.

Claro que isso demandava trabalho e organização. O resultado, no entanto, foi fertilidade para a terra e alimento abundante para os homens.

Essa foi a base das primeiras civilizações.

URBANIZAÇÃO e civilização

Durante muito tempo, e por inspiração dos filósofos racionalistas do século XVIII, a palavra *civilização* significou um conjunto de instituições capazes de instaurar a ordem, a paz e a felicidade, favorecendo o progresso intelectual e moral da humanidade.

Dessa forma, como já vimos na introdução deste livro, haveria um corte nítido entre pré-civilizados e civilizados. Estes, europeus e alguns de seus descendentes diretos, e os outros, todos aqueles que por terem cultura e padrões de comportamento muito distinto do nosso constituiriam uma espécie de homens inferiores, criando ou sociedades primitivas ou simplesmente se situando à margem da lei.

Essa concepção eurocêntrica de mundo (a qual, no limite, reduziria a noção de civilizado a apenas meia dúzia de povos que tiveram influência na formação do mundo ocidental) encontra seu contraponto numa outra, no extremo oposto, que opta por atribuir a qualquer pequeno grupo de indivíduos capazes de amassar o barro e construir palhoças o conceito de *civilização*.

As cidades representam a grande revolução da humanidade. Elas permitem o trabalho organizado de um grande número de pessoas sob uma liderança que vai adquirindo legitimidade, a ponto de estabelecer sanções para os que se recusam a cumprir as tarefas estabelecidas.

É muito difícil, mas altamente conveniente despir essa palavra de conotações valorativas. Evitando isso, poderemos estabelecer com maior facilidade e precisão as características que definem uma civilização.

Civilização, já o dissemos em páginas anteriores, não é um elogio e *pré-civilizados* não pode ser tomado como ofensa. Devemos caracterizar a civilização com parâmetros objetivos para não fazermos demagogia, dificultando mais ainda a compreensão do processo histórico.

Uma civilização, via de regra, implica uma organização política formal com normas estabelecidas para governantes (mesmo que autoritários e injustos) e governados; implica projetos amplos que demandem trabalho conjunto e administração centralizada (como canais de irrigação, grandes templos, pirâmides, portos etc.); implica a criação de um corpo de sustentação política (como a burocracia de funcionários públicos ligados ao poder central, militares etc.); implica a incorporação das crenças por uma religião vinculada ao poder central, direta ou indiretamente (os sacerdotes egípcios, o templo de Jerusalém etc.); implica uma produção artística que tenha sobrevivido ao tempo e ainda nos encante (o passado não existe em si. Se dele não temos notícia é como se não tivesse existido); implica a criação ou incorporação de um sistema de escrita (esse item não é eliminatório): os incas não tinham propriamente uma escrita, nem por isso deixavam de ser civilizados); implica finalmente, mas não por último, a criação de cidades.

De fato, sem cidades não há civilização.

As grandes descobertas e invenções do Neolítico seriam apenas comodidades se não provocassem, por meio e por causa da urbanização, uma significativa mudança socioeconômica.

A roda, a metalurgia, o animal de tração, o barco a vela tiveram seu caráter transformador por se integrarem a uma nova organização social propiciada pela urbanização.

Nas numerosas aldeias espalhadas pelo Crescente Fértil não havia necessidade de levar os inventos e as descobertas até a sua utilização máxima. Já no sul da Mesopotâmia e do Egito tudo foi usado para que o homem pudesse enfrentar e dominar a natureza.

Isso significa grande número de pessoas atuando de forma organizada pela incorporação de conhecimentos sociais e sob uma liderança que vai se estabelecendo e adquirindo legitimidade.

Há aí uma relação dialética: invenções e descobertas são pré-condições para a organização social do tipo urbano, que por seu lado provoca novas descobertas, mediante o processo de exploração e adequação ao meio ambiente.

A cidade não apenas decorre de um determinado grau de desenvolvimento das técnicas e do conhecimento humano, em geral. Ela também impele a espécie humana a crescer.

DO CAOS à cidade

Há, na Bíblia, logo no início do Livro do Gênesis, a descrição de como Deus criou do caos os céus e a terra. Hoje sabemos que muito do que lemos nos primeiros livros bíblicos são adaptações de mitos criados a partir do mundo concreto em que os sumérios e outros povos mesopotâmicos viviam, tendo em vista que os hebreus constituíam um povo semita de origem mesopotâmica.

É bem possível que esse caos bíblico, que culminou com a separação entre céu e terra, não fosse senão a representação do caos mesopotâmico, em que água e terra não tinham separação definida, e no qual pântanos cobertos de juncos entremeados de tamareiras e de animais anfíbios não fossem terra nem água.

Aqui, contudo, não foi nenhum deus quem provocou a separação das partes: foi o homem, abrindo canais para irrigar os campos e secar os pântanos; construindo plataformas para proteger homens e gado das enchentes; dominando a água por meio de diques e definindo a terra no meio dos juncos.

Criando, do caos, a terra e a água.

Como Deus.

A recompensa – terra para lavrar, água para irrigar, tâmaras para colher e pastos para a criação – fixou o homem à terra.

A partir do primeiro montículo de terra fértil conquistado ao caos, mais terra foi sendo liberada pelo homem – com a disseminação de canais ampliados e o crescimento do agrupamento humano.

Homem algum, por mais poderoso que fosse, e família alguma, por mais numerosa que fosse, poderiam dominar sozinhos esse ambiente. Era um trabalho de grupo que exigia estoques de alimento a fim de liberar muitos indivíduos para a tarefa coletiva, pois estes, enquanto realizavam tais obras, não produziam diretamente seus alimentos. Quanto maior o pedaço de terra a ser resgatado ao caos, maior número de trabalhadores tinha de ser requisitado e mais comida tinha de ser colocada à disposição deles.

Alimento excedente em quantidade crescente exige quantidade crescente de força de trabalho concentrada e organização social mais complexa.

É o caminho do caos à cidade.

CIDADE e poder

Na aldeia de terras férteis do Neolítico, o indivíduo isolado ou em grupo familiar tinha mais poder do que nos primeiros agrupamentos que se constituíam no sul do Egito e da Mesopotâmia. Lá ele podia se desgarrar do grupo para exercer sua atividade de lavrador e de criador, com possibilidade de sucesso. Aqui tinha de fazer parte do grupo maior, um de muitos, elemento da engrenagem: o grupo dependia dele e ele do grupo. Colocar-se à margem da comunidade era colocar-se à margem da terra resgatada aos pântanos e da água canalizada. A sociedade que premiava o membro que demonstrava bom comportamento, punia aquele que falhava, por meio de sanções que o condenavam a viver fora da estrutura de produção.

Quando o líder exigia o trabalho de alguém, fazia-o em nome do grupo que o apoiava: a solidariedade social podia ser imposta.

O próprio espírito de aventura encontrava limites bem-estabelecidos: quando além do oásis (no caso do Egito) ou da terra firme e fértil (na Mesopotâmia) havia apenas deserto ou caos, o jovem tinha mais razões para se conformar e desenvolver um comportamento de "bom menino".

O rei investia-se do poder moral, que era outorgado pelo interesse do grupo e do poder de coação, podendo aplicar sanções a preguiçosos, marginais ou descontentes em geral. Tratava-se de opor o interesse geral ao particular e o restante não contava.

Ricos no que se refere à fertilidade das terras, mesopotâmios e egípcios eram muito pobres em matérias-primas, algumas delas essenciais. O vale do Nilo não tinha madeira para construção, nem pedras ou minérios. A Suméria não estava em situação melhor.

Com as obras hidráulicas, os egípcios e os sumérios desenvolveram um comércio com povos vizinhos destinado a suprir suas terras das matérias-primas fundamentais. Forma-se então um grupo de comerciantes, de trabalhadores em transportes e de artesãos para trabalhar a matéria-prima, todos eles alimentados pelo restante da sociedade que continuava a produzir alimentos.

Depois surgiram os soldados para proteger os comboios, escribas para registrar os negócios e toda uma gama de funcionários do Estado para conciliar eventuais conflitos de interesses. Aparecem também funcionários religiosos e templos e uma série de cortesãos inúteis, familiares e amigos do rei.

Os achados arqueológicos confirmam esse processo. Pesquisadores de campo notam uma substancial diferença entre os objetos encontrados datados de 5 mil e os de 6 mil anos. Os mais antigos são instrumentos de agricultura e caça e um ou outro objeto de uso doméstico, denotando uma comunidade de agricultores simples. Já os de 5 mil anos constituem mobiliário dos templos, armas, jarros e outros objetos feitos em série. Encontramos ainda templos, túmulos imensos (como as pirâmides) e palácios.

A mudança no material arqueológico denota alterações na economia das sociedades que produziam o material. Denota também maior complexidade nos papéis sociais, uma verdadeira divisão de trabalho em vez de simples divisão de tarefas e a instituição de um poder político que não é mais aleatório ou ocasional, mas que se solidifica e busca perpetuar-se.

Ao contrário da liderança nas aldeias, provisória e sujeita a permanentes contestações, aqui o rei esquece as razões que o levaram a liderar (o consenso do grupo social com vistas ao bem comum) e sob a alegação de sua origem divina (no caso do Egito) ou legitimação divina (no caso da Mesopotâmia e, mais tarde, entre os reis de Israel e Judá) passa a justificar suas atitudes autoritárias, seu luxo acintoso e sua vida desligada da dos produtores diretos.

A cidade é populosa. Concentrações entre 10 mil e 35 mil habitantes eram comuns, segundo os especialistas. Há lugares predeterminados para as casas e as oficinas, mas os palácios e templos ocupam os locais de destaque. A solidariedade que justificara sua construção se esvai; o camponês, produtor direto de alimentos, é marginalizado pela sociedade urbana que ele ajudou a construir e que continua a alimentar.

A CIDADE se expande

Ao necessitar de matérias-primas que não eram encontradas em seu território, os governantes das primeiras cidades expandem os seus tentáculos. Por meio dos contatos propiciados pelo comércio, vemos vários povos, vizinhos aos sumérios e aos egípcios, transformando aldeias em cidades. Isso ocorre no que é hoje a Síria, o Iraque, o Irã, Israel, Creta e, depois, cada vez mais longe. Agrupamentos humanos simples, compostos de aldeia e campo, antes produtores autossuficientes de alimentos, metamorfoseiam-se em cidades complexas com atividades manufatureiras.

É interessante verificar a influência que as cidades-mães desempenham sobre as outras. Isso se evidencia não só por meio de estruturas sociopolíticas muito semelhantes, como por padrões de comportamento e valores. Enquanto a Revolução Agrícola ocorreu em grande parte de forma espontânea, a Revolução Urbana desenvolveu-se mais pela difusão, por meio de vários mecanismos, um dos quais o desenvolvimento da atividade comercial.

Atrás das matérias-primas, os comerciantes procuravam as regiões que as produziam, onde encontravam grupos humanos já estabelecidos. Coube aos egípcios e sumérios convencer esses grupos a extraírem metais, madeiras ou pedras em quantidade muito superior à que estavam habituados. Quando obtinham sucesso em suas tentativas, os comerciantes provocavam profundas alterações no dia a dia desses povos, que deveriam especializar-se para dar conta da demanda dos produtos solicitados. Na verdade, uma parte da população tinha de produzir alimentos para esses que haviam se especializado, reproduzindo o esquema que já vimos acima. Em casos extremos, a coisa foi ainda mais longe. É o caso de Biblos, cidade situada no que hoje é o Líbano, onde os egípcios iam buscar o cedro, excelente madeira para barcos e construção de edifícios e templos.

A presença egípcia em Biblos foi muito grande: seus funcionários levaram para a região suas crenças e sua escrita, sua arte e sua administração. Os fenícios tomaram contato com a cultura egípcia, assimilando-a, e criaram suas cidades a partir daí.

Às vezes a presença do comerciante não era aceita pacificamente, mas imposta pela força. Nesses casos, o invadido ou se organizava tecnicamente para a defesa ou era massacrado, num tipo de guerra comum na Antiguidade. Para se defenderem de maneira eficaz contra inimigos que dominavam a metalurgia, era necessário que os invadidos também conhecessem a técnica da fabricação de armas brancas, o que, de uma outra forma acabava provocando a difusão da cultura urbana, ou seja, da civilização.

O trágico para a cultura era quando um povo aprendia apenas as técnicas ligadas à atividade bélica e se aperfeiçoava ao máximo, a ponto de destruir a civilização da qual obtivera seu conhecimento.

Nessas ocasiões – que foram muitas ao longo dos tempos – a impressão é de que a História caminha para trás.

A cheia que anualmente beneficiava o Egito também criava pântanos. Diques e reservatórios necessários ao controle da água só podiam ser realizados pela ação de grande número de pessoas socialmente organizadas.

5. Mesopotâmia

O terceiro milênio a.C. testemunha um grande número de núcleos urbanos se desenvolvendo ao longo do Tigre e do Eufrates. Historiadores como Paul Garelli levantaram, só para o período que vai de 2700 a 2100 a.C., uma enorme lista de reis em localidades como Lagash, Umma, Kish, Ur, Uruk, Akad, Gatium e Elam – incluindo o herói Gilgamesh e outros, de nomes quase impronunciáveis por nós, como Lugalkinishedudu, Meskiagnunna e Kutik-in-shushinak.

Em Uruk foram encontrados vestígios de um templo que tinha mais de dois mil metros quadrados (exatamente 80 m por 33 m). Perto dele foi edificado um monte artificial (zigurate) com 11 metros de altura, construído com tijolos e enfeitado com pedaços de cerâmica. Com o uso de uma escada chega-se ao pequeno templo, no alto; paredes de tijolos brancos e madeira importada, altares nas extremidades e outros detalhes mostram o requinte e a técnica da construção.

Há aqui uma força de trabalho organizada pelos próprios dirigentes dos templos, que faziam as vezes de arquitetos, engenheiros e mestres de obras em nome dos deuses que representavam na terra.

Provavelmente a "casa divina" tenha sido o primeiro local em que se desenvolve uma especialização de tarefas, ao contrário da atividade coletivamente realizada pelos habitantes das aldeias neolíticas. Ao especializar-se, o artesão (pedreiro, pintor, tecelão) ganha em habilidade e, portanto, em produtividade, mas passa a depender dos que organizam a atividade produtiva, já que ele não realizará sozinho todas as tarefas necessárias à sua alimentação e produção de vestuário e moradia. É uma passagem histórica fundamental, uma vez que marca a transição de uma economia de autossuficiência individual ou grupal para uma estrutura que contempla trabalhadores braçais de um lado e organizadores da força de trabalho de outra.

Perdendo parte de sua liberdade – por se tornar dependente –, o artesão a cede ao sacerdote do templo que, paulatinamente, vai se fortalecendo e explorando aqueles que, muitas vezes, passam a ser *seus trabalhadores* e não mais do templo ou do deus.

Graças a essa nova situação, era comum os sacerdotes disporem abusivamente das terras lavradas pelos seus trabalhadores, confiscarem objetos e animais, além de remunerarem o trabalho deles no limite da sobrevivência dos trabalhadores.

Embora em momento, local e situação histórica diferente, isso nos faz lembrar um fenômeno acontecido aqui mesmo, em terras brasileiras: durante alguns anos, na época do regime militar, o Brasil teve um crescimento econômico extraordinário, provocando o chamado "milagre econômico brasileiro". Cansados de ver o país enriquecer à custa do seu empobrecimento, os trabalhadores solicitaram sua fatia no bolo. O ministro que dirigia a economia naquela época foi logo avisando que era necessário deixar antes o bolo crescer para depois dividi-lo.

E não foi dividido até agora, num país em que as disparidades sociais são tão grandes a ponto de fazer parecer que as principais nações capitalistas vivem uma espécie de socialismo.

Aqui, à custa da fome do povo foram construídos verdadeiros palácios para a ociosidade remunerada dos Poderes Executivo, Legislativo e Judiciário.

Na Suméria também os templos e zigurates foram construídos graças ao bolo que os sacerdotes administravam à custa do trabalho de grande parte da população.

Será a concentração da renda – e a injustiça social dela decorrente – fundamental para o crescimento material da humanidade?

A DIVISÃO social do trabalho

A exploração do trabalho de uma parte da sociedade por outra cria, pela primeira vez na humanidade, antagonismos determinados pelo papel econômico exercido pelo indivíduo no grupo.

É importante notar que não se está falando de divergências pessoais, questões subjetivas, mas de oposição socialmente determinada, impessoal portanto. O sacerdote não explorava o artesão pelo fato de ser, pessoalmente, um mau elemento, de possuir um mau-caráter. Ele na verdade desempenhava o papel de organizador do processo de trabalho, em nome de cuja racionalidade agia.

Havia, contudo, uma contradição aqui: os sacerdotes representavam um deus determinado, um templo determinado; não uma região, uma cidade. Os trabalhos públicos, os grandes empreendimentos não religiosos – como, principalmente, a construção de canais – eram atividades que afetavam regiões ligadas a vários templos. Por isso surgiram os dirigentes não vinculados aos templos, aqueles que mais tarde tornar-se-iam os reis.

Com os reis, os sumérios tinham também um chefe para as guerras, que eram atividades muito úteis tanto para a iniciativa comercial quanto para a obtenção de novas terras.

Não é de acreditar que o rei tenha rompido com a religião. Pelo contrário, ele passa a atuar junto dela. Dá dinheiro para construir ou decorar templos, fornece matéria-prima e às vezes até mão de obra. Em troca, busca a legitimação de seu poder, que, surgido dos

Sacerdote sumério do Templo de Ishtar, na antiga cidade de Mari, no Eufrates, aproximadamente 2800 a.C.

homens, vai adquirindo caráter divino, fórmula que se tornou frequente na humanidade (lembra-nos as moedas espanholas cunhadas em pleno século xx, em que junto à efígie do ditador vinha gravada a frase "*Francisco Franco, caudillo de España por la gracia de Diós*").

Por se apresentar e ser reconhecido como representante dos deuses, o rei recebia a maior parte das terras das tribos sobre as quais tinha influência, além de impostos que eram a forma alternativa dos presentes tradicionalmente oferecidos aos chefes tribais. Em casos de guerra, cabia-lhe a parte do leão dos saques efetuados, o que provocava uma concentração de riqueza maior ainda.

Nesse período não há ainda algo que se pareça com unificação política: as cidades têm organizações de poder independentes, embora sejam interdependentes na esfera econômica e extremamente homogêneas do ponto de vista cultural.

Ao contrário do Egito, em que a uma cultura unificada corresponde uma chefia única, na Mesopotâmia isso não ocorrerá tão cedo: pelo contrário, assistimos a um desfilar de reinos e reis que lutam entre si, não pela hegemonia, mas por um espaço político-econômico próprio.

A cultura, entretanto, estava em plena ebulição. Administrar uma cidade exigia mais que disposição e procuração divina: exigia instrumentos adequados, que se desenvolveram de forma notável na Mesopotâmia.

ESCREVER e contar

Numa aldeia neolítica, a transmissão oral e pessoal era suficiente para a sofisticação que as relações no interior de um pequeno grupo exigiam. Mas em agrupamentos maiores, em que nem todos conheciam todos e, mais ainda, em que um empreendimento podia durar mais de uma geração, a simples transmissão oral não era mais suficiente. Tornava-se necessário encontrar formas interpessoais e objetivas. Um sinal qualquer deixado por alguém não podia se transformar numa obra aberta, sujeita a diversas interpretações, mas devia ser um

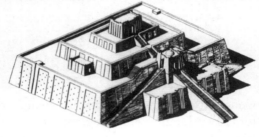

Zigurate de Ur, na Mesopotâmia: uma foto das escavações realizadas no lugar. Ao lado, um desenho da provável aparência do zigurate, com escadas, terraços e o templo no alto da edificação.

símbolo específico que significasse uma mensagem específica. Tratava-se, afinal, não de concepções ou teoria, mas de largura de canais, de altura de paredes de templos, de quantidades de cereal, de volume de água, e assim por diante.

Noutras palavras, a complexidade e a objetividade das relações econômicas que se estabelece, decorrentes de sua amplitude em termos de espaço e tempo, vão exigir cálculos precisos e anotações claras, enfim, registros inteligíveis não apenas para quem os fazia como para outros participantes ou coordenadores do projeto comum.

Como diz Gordon Childe, "a invenção de um sistema de escrita foi apenas um acordo sobre os significados que deviam ser atribuídos aos símbolos pela sociedade que deles se utilizava para seus objetivos comuns". Assim, os primeiros símbolos são praticamente autoexplicativos, os pictogramas. A escrita

Cuneiformes mesopotâmicos: originalmente pictográficos, os cuneiformes evoluíram para ideogramas e, eventualmente, para escrita silábica. Os sinais eram produzidos mediante a pressão de estiletes em forma de cunha sobre argila úmida.

pictográfica não se constitui, contudo, numa exaustiva reprodução naturalista do objeto a ser representado; para falar de boi, não havia necessidade de mostrar seus pelos ou seus cascos ou o comprimento exato da cauda. Bastava traçar sua figura de forma esquemática para se saber a que se queria referir.

De início, essa simplificação encontrava vários caminhos: para um bastava representar a cabeça de boi para saber do que se tratava; para outro seria melhor rascunhar o conjunto do seu corpo, e assim por diante. Aos poucos, convencionalmente, decidia-se por uma das versões ou pela síntese de algumas delas, de acordo com o interesse e o consenso do grupo.

Aí estava o início da escrita.

Só o início. Nem todas as coisas, no entanto, eram bois ou trigo, cuja representação estilizada era possível. A solução foi atribuir a certas coisas representações mais ou menos arbitrárias. Por exemplo, um jarro de bico representava um volume determinado

Hieróglifos egípcios: escrita complexa dominada pelos escribas, que a utilizavam principalmente para relatórios burocráticos, crônicas de feitos dos faraós e hinos de louvor aos deuses.

(um *gur*). Um *gur* de cerveja era representado desenhando-se três traços no jarro, enquanto um *gur* de cevada era representado por dois traços.

Mas isso também não resolvia a questão da representação de nomes ou ideias. Daí uma nova evolução no processo. Boca em sumério era *ka*. Assim, a representação de uma boca não queria dizer apenas boca, mas também o som atribuído à representação, ou seja, *ka*. Combinando-se o fonograma *ka* com outros fonogramas, era possível pronunciar certos nomes compostos ou ideias sem a necessidade de criar novos ideogramas. Ou melhor, diminuindo o número de ideogramas, mantendo apenas os básicos. Acredita-se que o número de ideogramas caiu de 2 mil para seiscentos, entre os anos de 3000 e 2500.

Também os signos se simplificaram. Aos poucos, por causa da necessidade de se escrever rapidamente, os sinais passam a guardar apenas pouca lembrança – ou nenhuma – dos rascunhos estilizados iniciais. São formados com a impressão de um estilete em forma de cunha na argila ainda mole – daí o nome de escrita cuneiforme dada a ela.

O mesmo processo, do complexo ao simples, dá-se com a numeração. Inicialmente anota-se um traço para cada unidade. Com volumes grandes isso ficava difícil, daí a necessidade de se estabelecerem sinais específicos para números maiores. Criou-se também um sistema decimal, mas o sexagesimal foi o que prevaleceu na Suméria após 2500 a.C.

TRANSMISSÃO formal da cultura

Cada geração tinha de encontrar formas de passar à outra o conjunto de conhecimentos já adquiridos e codificados. Isso, de certo, ocorria desde a humanização do homem. A novidade aqui é que o saber ia se tornando mais complexo, mais especializado, necessitando portanto de veículos adequados para sua transmissão.

A obtenção da língua falada, veículo básico de transmissão cultural, poderia se efetuar no espaço da própria família, o que já não ocorria no que se refere à língua escrita. Não estamos falando de conhecer e combinar vinte e poucas letras, simplesmente. O jovem tinha de saber o significado de cada um dos fonogramas utilizados, centenas deles. Este estudo só poderia ser realizados em locais a isso destinados e dentro de um padrão único.

Os padrões de mensuração também tinham de ser definidos: arrecadar ou pagar impostos, fixar volumes e medidas ou mesmo comerciar sem estabelecer padrões, era impossível. Quando um produto não tem valor comercial ou quando se trata de trabalho individual, as medidas têm uma importância menor. Se um de nós resolver construir sozinho um galinheiro no fundo do quintal, nada nos impede de medir em palmos a madeira a ser serrada: como uma única pessoa estará serrando e como não é muito importante a exatidão no comprimento das tábuas, o padrão de mensuração que estabelecemos – o palmo – pode ser útil, tenha ele vinte, 18 ou 15 centímetros. Entretanto, para construir um templo na Suméria, em que dezenas ou centenas de trabalhadores se empenhavam, o palmo seria um instrumento extremamente inadequado, uma vez que o tamanho das mãos dos operários, certamente diferentes, provocaria divergências significativas nas medidas da obra, podendo até comprometer a edificação.

Em documentos brasileiros a respeito de propriedade fundiária, deparamos com outra medida variável, a braça. Teoricamente ela é a extensão compreendida entre a ponta do dedo médio da mão direita até a ponta do mesmo dedo da mão esquerda, estando os braços esticados perpendicularmente ao corpo. Se o leitor quiser fazer a experiência pode tentar: a distância entre as extremidades dos braços abertos lateralmente de uma pessoa é idêntica ou muito próxima ao seu comprimento. Dessa forma, a braça de um homem como o autor deste livro terá 1,80 m, enquanto a de outras pessoas poderá ser consideravelmente maior ou menor. Essa medida, que funcionava bem no período colonial e mesmo imperial, quando a terra não valia quase nada (o que valia era o escravo) passa a ser substituída. Nos dias de hoje (quando o valor do homem é mínimo e a terra supervalorizada) o que vale são medidas internacionais e precisas, obtidas por meio de técnicas refinadas produzidas por agrimensores especializados.

Assim, é compreensível que na Suméria estabeleçam-se padrões mais cuidadosos, referências mais precisas quando o comércio se desenvolve e os tributos têm de ser arrecadados. Padrões e referências objetivas dependiam de transmissão formal, de sistemas de ensino.

Ensinava-se também a dividir o dia em doze horas duplas e o ano pelos ciclos da Lua. Como no atual calendário hebraico, de vez em quando criava-se um 13º mês para corrigir as discrepâncias acumuladas.

Ensinavam-se noções de volume (concretizadas em terra ou grãos), daí se aprenderem as principais operações aritméticas. A relação da circunferência de um círculo com o seu diâmetro era estabelecida em 3 (quase igual ao nosso π, que vale 3,1416...), o que, na prática, servia muito bem para calcular o conteúdo de um celeiro cilíndrico, deduzindo-se eventuais espaços vazios.

Cria-se, finalmente, um padrão de trocas. Intercambiar bens e serviços por meio do simples escambo trazia dificuldades numerosas. Instituiu-se, portanto, antes a cevada e depois os metais (como o cobre) como padrão para pequenas somas, e a prata para grandes valores. Não era ainda a moeda formal, com peso e valor constantes, mas já se monetariza a economia, produzindo-se para o mercado (para trocar o produto por prata) e cobrando-se juros por empréstimos feitos (ou seja, o metal de troca passa a ter um valor em si). Com isso, os comerciantes se enriquecem e se fortalecem, ganhando em influência política, o que iria provocar mudanças significativas na Suméria.

Os códigos de transmissão cultural já estavam nesse período estabelecidos e o processo civilizatório em franco andamento.

SARGÃO, o Velho

Neste livro, o foco tem sido o processo civilizatório, razão pela qual estamos evitando referências – geralmente enfadonhas – a governantes e grandes heróis. Mas a figura de Sargão ultrapassa os limites da simples história política. Ele é visto como um herói civilizador pelos seus contemporâneos e retratado com a dimensão de um profeta, ou até de um semideus pelos pósteros. Veja-se o trecho de documento da época que chegou até nós:

> Sargão, o poderoso rei de Agade, eu sou.
> Minha mãe foi uma concubina, meu pai eu não conheci.
> Os irmãos de meu pai amavam as montanhas.
> Minha cidade é Azupiranu, que está situada às margens do Eufrates.
> Minha mãe concubina concebeu-me, secretamente ela me fez nascer.
> Ela me colocou numa cesta de junco, com betume ela selou minha tampa.
> Ela me jogou ao rio, que não me cobriu.
> O rio me conduziu e me levou até Akki, o tirador de água.
> Akki, o tirador de água, retirou-me quando mergulhava seu jarro.
> Akki, o tirador de água, tomou-me como seu filho e criou-me.*

Compare-se esse texto com o seguinte:

---

* Jaime Pinsky. *100 textos de História antiga.* 7ª ed. São Paulo, Contexto, 2001, p. 49.

Foi-se um homem da casa de Levi e casou-se com uma descendente
[de Levi.
E a mulher concebeu e deu à luz um filho; e vendo que era formoso,
[escondeu-o por três meses.
Não podendo, porém, escondê-lo por mais tempo, tomou um cesto de
[junco, calafetou-o com betume e piche e, pondo nele o menino,
[largou-o no carriçal à beira do rio.
Sua irmã ficou de longe, para observar o que haveria de lhe suceder.
Desceu a filha do Faraó para se banhar no rio, juntamente com suas
[donzelas que passavam pela beira do rio; vendo ela o cesto no
[carriçal, enviou a sua criada e o tomou.
Abrindo-o, viu a criança que chorava. Teve compaixão dele e disse:
[Este é o menino dos hebreus.**

Trata-se, sem dúvida, de descrições semelhantes de crianças
que, malnascidas, tiveram seu destino ameaçado e, uma vez
salvas, tornaram-se heróis de seus povos. De Moisés, a criança retratada no segundo texto, falaremos depois. Mas Sargão,
herói agadiano (ou akadiano), correu todos os riscos para, em
seguida, entrar na corte do rei de Kish, lutar contra ele, fundar
a cidade de Agade e se tornar, a partir de 2370, o dominador de
toda a Suméria e regiões limítrofes. Há referências à presença
de Sargão no Elam, em Mati e até na Anatólia.

Não se sabe até onde o exagero das descrições pode ter su-
perestimado o papel do grande Sargão, mas o que se sabe é que
a partir dele existe uma nova realidade na região: um Estado
que tenta impor, acima dos particularismos regionais, uma política comum. Para isso, marchava com um exército de milhares
de soldados (5400 na conquista da Síria, por exemplo), número às vezes igual ao da população de algumas cidades.

A centralização administrativa leva ao desenvolvimento do
artesanato e principalmente ao incremento da atividade comercial, mediante a importação de metais preciosos e madeiras.
Com isso, há uma tendência à secularização do poder, uma vez
que os templos perdem sua função econômica.

Mesmo provocando todas essas mudanças, Sargão é visto
por alguns historiadores com ceticismo. Há mesmo quem diga

** Êxodo, 2, 1-6.

Estandarte sumério da cidade de Ur (início do terceiro milênio): mosaico ornamental com cenas de paz (à esquerda) ao lado de cenas de guerra (à direita).

que Sargão foi para os sumérios o que Alexandre viria a ser para os gregos: aquele que ampliou as fronteiras de uma cultura já existente sem ter contribuído de forma substancial para sua mudança ou crescimento.

É possível.

Mas como unificador daquela enorme teia de cidades, Sargão passa para a História como o primeiro verdadeiro rei mesopotâmico e não um simples chefe local.

Após Sargão há um período de ausência de poder central, coroado pela invasão de tribos gútias; em seguida há predominância da cidade de Ur, depois vêm os assírios, em seguida quem lidera é Uruk e assim sucessivamente. Por fim, sobe ao trono de toda a Babilônia, em 1792, o mais famoso de seus reis, Hamurábi, o do Código.

O CÓDIGO de Hamurábi

Alguns nomes ficam na História por mérito. Outros, nem tanto. Um faraozinho insignificante, cuja tumba não foi saqueada por ladrões, acaba recebendo homenagens em todos os museus importantes do mundo, tendo sua biografia conhecida e feitos

divulgados; enquanto outro, que não teve a mesma sorte, figura apenas como um nome numa lista dinástica.

Nós, historiadores, ficamos sem saber sobre a importância a ser dada a essas personagens. Maravilhados e envolvidos pela documentação revelada, começamos por transformar "nosso" rei em um grande herói, ou sábio, ou conquistador, acreditando demais no autopanegírico que ele faz. Depois, passamos por um período de profundo ceticismo quando verificamos que ele afirmou ter conquistado uma região que não conquistou ou levantado um templo que já estava pronto. Qual governantes de hoje, especialistas em reinaugurar obras já inauguradas ou ainda em construção, os reis antigos mentiam em sinais cuneiformes ou hieroglíficos.

Com Hamurábi aconteceu o mesmo fenômeno, de superestimação seguido de subestimação de sua obra e de seu reinado; ou melhor, de seu código.

De início, imaginou-se estar diante de um grande legislador, autor de uma série de leis básicas para o mundo civilizado, novas e até revolucionárias. Seu código, a partir do momento de sua divulgação, há 38 séculos, vem merecendo sucessivas reedições em todas as línguas.

Depois, verificou-se que Hamurábi não criara novas leis e que seu código não era propriamente inovador, tendo em vista que revelava apenas práticas sociais comuns, encontradas em documentos de outros povos da região. E passou-se a minimizar sua importância.

Hoje podemos ter uma visão mais equilibrada do assunto. Hamurábi, grande chefe militar do século XVIII a.C., teve a preocupação, após efetuar importantes conquistas militares, de unificar a legislação.

O resultado foi dos melhores, já que o Código não é apenas um modelo de jurisprudência, mas de língua babilônica. Não é, no entanto, um projeto de mudanças sociais. Muito pelo contrário, legisla a partir do reconhecimento da existência de três classes distintas: os ricos, o povo e os escravos. Os primeiros com mais privilégios e obrigações (pelo menos em teoria); os ricos pagavam mais impostos, mas um delito contra eles seria, reconhecidamente, punido de forma mais severa; os escravos, que tinham direitos delimitados em lei (não eram apenas um objeto, como diria deles Aristóteles, na Grécia), podiam casar-se com uma mulher livre e possuir bens, mas eram marcados como gado, já que não deixavam de ser propriedade de alguém.

A mulher tinha grande independência com relação ao marido, administrando o dote que recebia do pai quando do casamento, podendo assumir cargos públicos e demandar em juízo. O marido tinha o direito de castigá-la em caso de infidelidade e de tomar uma esposa secundária (concubina), a qual, contudo, não teria os mesmos direitos da primeira (no capítulo relativo aos hebreus veremos, no caso de Abrahão e suas mulheres, a aplicação da lei mesopotâmica). Os filhos varões herdavam a fortuna do pai, que deixava sempre um dote para a filha.

As terras e demais propriedades podiam pertencer ao Estado, ao templo ou a particulares. Todos deveriam permitir a passagem dos dutos de água pelas suas propriedades, assim como zelar pela manutenção dos canais, mas fora isso os particulares tinham liberdade formal para dispor de seus bens.

As terras reais eram cultivadas mediante um complexo sistema de posse/propriedade, que incluía desde rendeiros (que pagavam um aluguel pelos lotes) e colonos (que pagavam em espécie) até homens de corveia (que não tinham título regular) e funcionários públicos

Akad durante o reinado de Sargão

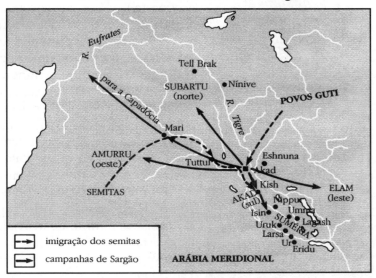

Babilônia no reinado de Hamurábi

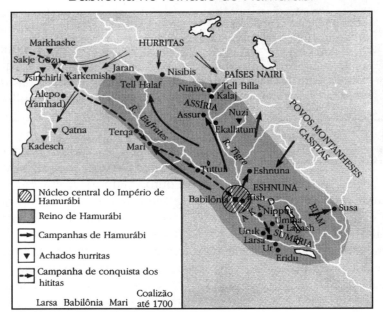

Detalhe da famosa Estela de Hamurábi, que contém o código de leis em prática na época. A ilustração mostra o rei recebendo as leis do deus Shamach e, abaixo, um pedaço do texto, de aproximadamente 1900 a.C.

(que em troca ofereciam seus serviços ao rei). Há os que encontrem identificação entre o que ocorria na Mesopotâmia e o sistema feudal; trata-se, porém, de uma opção fácil, mas leviana, de identificar o que não é escravista, capitalista ou socialista como feudal. Basta ler um pouco sobre feudalismo e fazer uma ligeira apreciação dos documentos babilônicos para ver que se trata de formações sociais muito diferentes.

A importância dada ao comércio pode ser avaliada pelo papel do *tamkarum*, misto de mercador, atacadista, usuário e funcionário do governo. Auxiliava na arrecadação de taxas, comprava em nome do rei e emprestava dinheiro para os agricultores. As taxas deviam ser escorchantes, muitas vezes difíceis de serem pagas, pois encontramos várias vezes documentos em que o rei decretava a abolição das dívidas dos súditos para tranquilizar a população e permitir a continuidade do trabalho produtivo. Não se tratava de generosidade, mas de não se matar a galinha dos ovos de ouro. Hamurábi, em seu código, intervém de forma enérgica na economia, estabelecendo regras de trabalho, valores para aluguéis e arrendamento de terras e animais, salários e normas de comércio.

Não se trata, contudo, de um Estado consolidado, organizado

para durar muito, como o Egito. Sua estrutura administrativa sustentava apenas um poder regional, mesmo assim com frequência questionado pelos vizinhos. Colocando de uma outra forma, há estados mesopotâmicos e não um Estado mesopotâmico, definitivamente implantado e solidamente unificado.

Em outros aspectos, contudo, a unificação existia. As línguas, semíticas, não apresentam muita variação; a cultura é semelhante, a atividade econômica praticamente igual: agricultores nos campos, artesãos e comerciantes nas cidades.

Há, pois, aquilo que podemos chamar de civilização mesopotâmica, mesmo que desacompanhada de um Estado unificado. Civilização cuja influência iria marcar a região e a História por muitos e muitos séculos.

6. A civilização do Nilo

Terra do Nilo e das pirâmides, o Egito fascina quem dele se aproxima, envolvendo a todos num clima de mistério e grandiosidade. Maravilhados com aquela civilização encantadora, cercada de deserto por quase todos os lados, tanto seus próprios habitantes como estrangeiros e visitantes, de Heródoto a Napoleão, costumavam creditar o que viam a determinações geográficas e fatores místicos, raramente à ação do homem.

Entretanto, o segredo da civilização egípcia não é etéreo, nem líquido e muito menos um presente da natureza. É humano e decorre de uma organização do trabalho muito bem elaborada e da assistência do felá (nome usado no Egito para designar o camponês atual e seus antepassados do período faraônico).

UM PRESENTE do Nilo

Heródoto, historiador grego que viveu no século v, tem uma célebre frase em que afirma ser o Egito uma dádiva, um presente do Nilo. Bem da verdade, existe uma discussão bizantina em torno da paternidade da expressão, que alguns atribuem a Hecateu de Mileto; mas não importa tanto o pai natural e sim o de criação: este foi Heródoto.

A frase atravessou séculos e é repetida sem discussão por quase todos os manuais de história que falam do Egito. Fica, para muitos, a impressão de que mais importante do que a ação do homem é o dom da natureza. Etnocêntricos e pretensiosos, os gregos

Algumas das técnicas do aproveitamento das águas do Nilo, utilizadas ainda hoje, remontam ao período faraônico, como o demonstram a foto atual e a reprodução de uma pintura antiga.

tinham um despeito enorme do Egito, sabidamente já uma grande civilização, quando eles mesmos ainda viviam em aldeias isoladas. Considerando-se superiores, não podiam aceitar esse fato a não ser atribuindo-o a razões sobrenaturais ou, simplesmente, geográficas.

Que os gregos subestimassem os egípcios é, pois, compreensível. O que não é aceitável, contudo, é a repetição do mesmo preconceito, livro após livro. Como já vimos em capítulos anteriores, não há um milagre egípcio, o desenvolvimento egípcio tem bases muito concretas. O rio oferece condições potenciais, que foram aproveitadas pela força de trabalho dos camponeses egípcios – os felás –, organizados por um poder central, no período faraônico. Trabalho e organização foram, pois, os ingredientes principais da civilização egípcia. O rio, como pode ser visto em ilustrações, ao mesmo tempo que fertilizava, inundava. A cheia atingia de modo violento as regiões mais ribeirinhas e parcamente as mais distantes. Era necessário organizar

Egito – Império Antigo e Império Médio

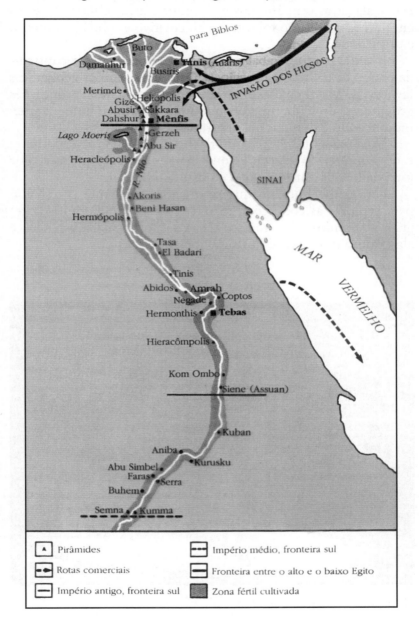

a distribuição da água de forma mais ampla, para se poderem evitar alagados ou pântanos em algumas áreas e terrenos secos em outras. A solução foi o trabalho coletivo e solidário, intenso e organizado.

É verdade que a civilização egípcia começou a ser construída com o trabalho organizado a partir de condições geográficas favoráveis. Mas a civilização não é uma dádiva dessas condições geográficas, do Nilo, uma vez que surge quando o homem atua, modificando e domando a natureza.

Uma truta que chega a um riacho límpido, de água corrente e fria, dotado de vegetação que lhe sirva de alimento, recebe uma dádiva da natureza: isso é História Natural.

Um grupo humano que se organiza mediante o trabalho para explorar as condições favoráveis de uma determinada região, alterando-a no processo de extração de sua substância, é algo muito diferente: é História Social.

O trabalho no Egito: mulher moendo cereais.

CONTINUIDADE e ruptura

Observando o mapa do Egito, podemos notar suas duas grandes regiões: o delta e o vale. Este, acompanhando o rio por mais de mil quilômetros (algo equivalente a duas vezes a distância entre Rio e São Paulo), constitui-se em estreita faixa de não mais de dez quilômetros de terras adequadas ao cultivo. O delta, uma espécie de triângulo com duzentos quilômetros de lado, possui rica vegetação e abundância de água. O Egito tem no delta uma região rica e densamente povoada, próxima ao mar, sendo o vale mais isolado, que depende essencialmente do rio como única forma de comunicação entre as aldeias distantes.

O trabalho no Egito: camponeses conduzindo gado.

O trabalho no Egito: cultivando a uva para fazer vinho.

Os primeiros faraós – os reis egípcios – se diziam, por isso, senhores das duas terras, do delta e do vale, diferença reconhecida e por todos respeitada.

Acima das diferenças e das divergências havia, porém, uma preocupação enorme com a unidade. Qualquer divisão implicava menor capacidade de explorar a natureza, de tirar dela o alimento e as demais necessidades básicas. Também implicava perder a capacidade de construir templos e monumentos.

A enorme duração da civilização egípcia fez com que vivesse durante muito tempo à sombra das pirâmides seculares. As grandes pirâmides datam, efetivamente, do Antigo Império egípcio; a de Quéops deve ter sido construída por volta de 2800. Ramsés II, do Novo Império, um dos momentos de glória do Egito, reinou no século XIII, ou seja, 1500 anos após a construção da grande pirâmide e mais de um milênio antes de Cristo! Testemunho silencioso de um passado de grandeza, as pirâmides e outros monumentos misturavam mito com realidade, reproduzindo ideias de imortalidade, de permeio com a cultura egípcia e lembrando da força que se baseava na unidade.

A realidade e o mito alimentavam o presente e o passado perdido nas brumas da imaginação e projetavam um futuro com a duração da eternidade.

Cercado de desertos por quase todos os lados, o Egito Antigo manteve, durante toda a sua existência, algumas características que emergem da diversidade produzida ao longo de milênios. É surpreendente que a continuidade de sua cultura tenha resistido a assírios, persas, macedônios e até romanos.

Alexandre, líder macedônico, quando lá chegou, aceitou a sagração segundo os rituais dos templos egípcios.

O trabalho no Egito: produzindo cerveja.

A cidade que fundou, Alexandria, ficava *junto* do Egito e não *no* Egito, segundo expressões da época. Isso significa que o país continuou o mesmo, com os felás e o templo, com o Nilo e os cereais, com os deuses, as múmias e a escrita sagrada: apenas se sobrepunha à estrutura do Egito a estrutura do invasor.

Respeito pela cultura egípcia? Medo de maldições do templo? Talvez isso também, mas muito mais outra coisa. Domando o rio, o felá acabou domado pelo poder faraônico. Realizava sua parte no trabalho coletivo, mas não tinha controle sobre o resultado final de sua obra. Nem como camponês que tinha parte da produção expropriada, nem como braçal que lutava contra os excessos do rio. O felá vivia no seu canto, na sua região, sentindo-se parte do todo, mas não conseguindo perceber esse todo. Dominado material e ideologicamente pela estrutura de poder, temia igualmente a lança do soldado, a maldição do sacerdote e os impostos e taxas arrecadados pelos escribas. Nenhum invasor quis modificar essa força de trabalho útil e mansa. Isso implicava não alterar outros elementos do Egito Antigo, como a religião e a língua, as formas de organização local e as técnicas de plantio e irrigação.

A continuidade da civilização egípcia é um testemunho da extrema adequação de seus valores ideológicos às suas estruturas de poder.

Convém analisar isso mais demoradamente.

O FARAÓ

Como em muitos outros grupos, o início da civilização era atribuído a um único indivíduo, Menés, que teria sido o primeiro rei da primeira dinastia, o herdeiro dos deuses, assim como aquele que revelou aos egípcios a agricultura, o artesanato e a escrita.

Não há, evidentemente, nenhuma comprovação arqueológica disso, nem poderia haver, uma vez que unificar um reino pressupõe um certo nível de desenvolvimento material e de organização social. A unificação, lenta e com dificuldade, decorreu de um processo em que a centralização administrativa passou a ser necessária para a maior racionalização do trabalho. Mesmo assim, durante muito tempo, Alto e Baixo Egito constituíram-se como dois países quase separados, governados de

O corpo do faraó morto, depois de mumificado, era guardado em um sarcófago ricamente decorado: sarcófago de ouro de Tutancâmon.

Esculturas representando soldados egípcios em marcha.

forma central. É curioso verificar um dos símbolos do poder faraônico, a coroa cerimonial, que combina duas coroas diferentes: a alta mitra branca do sul, com a touca vermelha do norte. Também o papiro, planta dos charcos do delta, aparece associado ao lótus, do vale, em outro símbolo do poder.

De qualquer forma, o mito mistura-se com a realidade e o rei aparece legitimado pela sua origem divina. Isso é comum em muitos povos, mas entre os egípcios adquire uma expressão literal: o rei não tem apenas origem divina, ele é a expressão do próprio deus. Mais que senhor dos exércitos ou supremo juiz, o faraó é o símbolo vivo da divindade.

Ao longo dos tempos, o faraó era identificado com diferentes deuses: de início ele era o falcão, Horo; depois Horo-Rá, e no Novo Império, em Tebas, Amon-Rá. Depois de morto transfigura-se em Osíris.

O milagre do rei-deus era o próprio milagre do Egito, pelo menos sob a visão dos contemporâneos. Num mundo de fome e carência, o Egito era como que uma ilha de abundância, ou mais precisamente um imenso oásis em que não faltava alimento. Devia saltar aos olhos da população o contraste entre a ordem e a previsibilidade da natureza em seu território e a imprevisibilidade do mundo sem nilos. No Egito, as cheias no tempo certo, com intensidade prevista, cobrindo aproximadamente a mesma área, deixando sempre uma camada fértil renovada sobre a terra cansada. Fora do Egito, o deserto, as chuvas e inundações carregando camadas férteis. Dentro do Egito, o mesmo sistema político, com pequenas variações. Fora do Egito, instabilidade e insegurança.

Sob a ótica do egípcio, só um deus que nunca morre explica uma natureza sempre vivificada pelo sopro de vida do rio. O faraó podia morrer como indivíduo, não como deus-vivo; da mesma forma as águas do Nilo passavam para nunca mais voltar, mas o rio continuava no mesmo lugar, sempre igual, criando e permitindo a vida.

Vida, rio, deus, faraó – num certo nível tudo se confundia, tudo era a mesma coisa. Graças ao poder divino do faraó as colheitas são abundantes: o Nilo, ponto de partida de toda a prosperidade, tem de respeitá-lo. Nas inscrições, lembram os historiadores Aymard e Auboyer, o nome do rei é seguido pelos sinais "vida, saúde, força", cuja presença exprimia um desejo não só em seu favor, mas também, por seu intermédio, em favor de todo o reino e seus habitantes.

Pela certeza de seu papel a favor da população é que havia de assegurar ao faraó a vida eterna.

Sabe-se muito a respeito dos faraós, mas desconhece-se muito também. Os historiadores não podem afirmar que a primogenitura garantia a sucessão ou se cabia a um rei designar seu sucessor. De qualquer forma, ele só se tornava faraó após a cerimônia de coroação, em Mênfis, na qual em meio a uma série de ritos recebia os símbolos de poder, o cetro, o látego e a coroa, e uma série de títulos. Ramsés II, por exemplo, era "touro poderoso armado da justiça; defensor do Egito, que amarra os países estrangeiros; rico de anos; grande pelas vitórias; rico da justiça de Rá; eleito de Rá e amado de Amon; Ramsés".

Ainda bem que não tinha de assinar documentos apondo todos os seus títulos...

O faraó vivia, na verdade, uma vida dupla: em público era o deus vivo, objeto de culto e adoração, apresentando-se sempre de maneira formal e distante, trajes rituais, barba postiça, joias e insígnias sagradas. Em sua vida particular cultivava sua família – geralmente composta de várias mulheres, entre as quais irmãs e

O rei era também chefe militar, senhor dos exércitos: Tutancâmon guerreando os asiáticos.

meias-irmãs – e permitia-se ser apenas um rei. Ilustrações nos revelam também faraós caçando e pescando, o que devia ocorrer com a colaboração de enorme séquito.

Filho do deus, era o único capaz de dialogar devidamente com o pai. Assim, a ideia segundo a qual o Egito era uma teocracia encontra pouco respaldo. Não eram os sacerdotes os donos do poder – salvo em alguns momentos bem determinados –, mas instrumentos desse

Para os egípcios, além de ser de origem divina, o faraó é a expressão do próprio deus: espaldar do trono de Tutancâmon, XVIII Dinastia.

poder. Não necessitando de intermediários (os sacerdotes) nos seus contatos com a divindade, em nome de quem exercia o governo, o faraó manipulava os sacerdotes mais do que por eles era manipulado.

O rei era também chefe militar. Essa função teve importância diversa em diferentes momentos da história egípcia. Acredita-se que durante o Antigo Império e até o Médio o isolamento do território deve ter sido mantido, exceto por poucas e menos significativas incursões. Já no Novo Império, o Egito torna-se expansionista, desempenhando papel militar e político na região. Mesmo em tempo de paz, torna-se necessário prevenir e zelar para que não ocorram as guerras. O faraó cuidava do policiamento das rotas, vigilância das fronteiras e portos. Produtos básicos tinham de chegar de outras regiões e comerciantes precisavam ser protegidos, sempre.

Ramsés II e Tutmés III, ambos do Novo Império, são os nomes mais famosos de faraós que ampliaram as fronteiras do país, levando-as durante algum tempo até o Eufrates.

O faraó passa a ser também um guerreiro, qualidade exaltada nos monumentos a ele levantados. Há aqui um somatório de funções, não mudança delas. E, afinal, todas as conquistas são para a glorificação dos deuses.

Um cuidado parece terem tomado os faraós, o de evitar conduzir os felás como soldados, nas campanhas. Líbios, núbios e hebreus são contratados como mercenários, corre-se até riscos com a entrada desses militares estrangeiros no país, mas evita-se ao máximo o pior, a transformação dos camponeses em soldados. Há autores que falam da falta de espírito bélico dos egípcios, mas não se trata disso, propriamente. É o próprio governo que não quer desestruturar o sistema produtivo, tirando do campo os felás. Quando circunstancialmente são transformados em soldados, não conseguem um resultado brilhante, o que é compreensível.

O faraó é, além de sumo sacerdote e chefe militar, o juiz supremo, aquele que decide as petições em última instância. Centralizador, divino e absoluto, poderia parecer que o faraó tudo pode e governa sem limites. Mas não é bem assim.

ESCRIBAS: intelectuais ou fiscais?

Falar do Egito como um todo é uma temeridade. Estabelecem-se generalizações perigosas, correm-se séculos como se fossem dias e fica-se mais com estereótipos do que com uma visão crítica. Por outro lado, é impossível nos limites deste livro arriscar uma periodização que, de resto, não nos interessa muito. Na verdade, a busca do passado não é, para nós, um objetivo em si. O acontecido não tem sentido senão quando resgatado, recuperado e reconstruído. O passado que não nos incomoda, não nos estimula e não nos toca de alguma forma, não merece ser estudado. No fundo, há uma só história, aquela que nós tentamos conhecer.

Quem quiser, portanto, uma cronologia de faraós, não vai encontrá-la aqui. Tendo uma ideia de como a civilização egípcia se ergue e alguma noção sobre o papel do faraó, fica a questão da instrumentalização do poder faraônico: quem age em seu nome, como age e por meio de quais mecanismos? Essa questão é extremamente atual, tendo a ver com formas de domínio político em diferentes sociedades. É interessante verificar que o poder, embora exercido em nomes de entidades abstratas diferentes (deus, justiça, povo, proletariado, *Reich*, Igreja etc.), materializa-se frequentemente em pessoas muito próximas. Daí o sentido de se buscar entender o papel dos escribas na sociedade egípcia.

A centralização administrativa supõe uma máquina eficiente que faça com que as ordens emanadas do faraó cheguem a todo o reino. A própria palavra *faraó* significa "casa grande", sede da administração, de onde tudo emana e para onde tudo converge.

Acredita-se que o rei pessoalmente dirigia tudo, não sendo seus ministros senão sua extensão, seus olhos, bocas e ouvidos, sem autonomia para criar ou conceber. Havia a figura do primeiro-ministro, que ocupava espaços que o rei, eventualmente, deixasse vazios, por falta de vontade ou talento para governar.

A autoridade regional era o nomarca (não confundir com monarca), espécie de governadores que administravam os nomos, em número de quarenta, espalhados pelo Egito. Cada aldeia podia eleger o seu líder local e um conselho, composto por representantes de diferentes categorias. A autonomia desses "prefeitos" e "vereadores" variou muito ao longo da história egípcia, mas deve ter sido sempre limitada pela presença de funcionários do governo central que vinham constantemente fiscalizar campos, conferir rebanhos, orientar construções ou transmitir normas, de modo a permitir a manutenção de ligação estreita entre o poder central e o mais obscuro dos habitantes.

O executor material das ordens reais era o escriba.

Era ele o funcionário do poder central, responsável físico pela articulação entre as ordens dadas e sua execução.

É necessário agora fazer uma observação sobre a figura do escriba, da maneira como aparece em vários manuais e mesmo em obras mais ambiciosas. Sua importância na sociedade egípcia derivaria, segundo esses livros, do fato de se tratar de alguém que dominava a arte da escrita e da leitura em um local em que o analfabetismo era quase geral. Ora, esse argumento é pouco inteligente, uma vez que saber ler e escrever, em si, não remunera ninguém: depende do papel que desempenham esses "detentores do saber" numa sociedade concreta. Se dominar a escrita fosse sinônimo de bons salários e prestígio social, os professores em nosso país viveriam uma realidade muito diferente, quando, como é sabido, ganham abaixo dos limites da dignidade e, às vezes, até da simples sobrevivência.

O escriba não era, pois, prestigiado por saber escrever e contar, mas porque essas atividades eram úteis e estavam a serviço do faraó, do governo central, fonte da autoridade e do poder.

Burocrata e frio, o escriba deve ser antes identificado com um funcionário de cartório ou um fiscal arrecadador de impostos do que com um intelectual inquieto e criativo. Raramente colocava sua técnica a favor da produção original. Antes, passava o tempo conferindo rebanhos e áreas cultivadas, taxas pagas e a pagar, quantidade de cereais nos silos, volume da colheita realizada, e assim por diante.

Claro que há exceções e vez ou outra aparece alguma obra mais criativa redigida por um escriba. Contudo, como regra, não se deve esperar espiritualidade nele. A imagem que nos fica é a de um carreirista, ar parado, olhar bovino. Disposto a sacrificar a maior parte de sua vida em troca de um emprego seguro embora aborrecido, o escriba manipulava seu poder oprimindo os subalternos e bajulando os chefes. As maiores aventuras permitidas eram enganar ou roubar seus superiores e praticar o mais deslavado tráfico de influências.

Será que deu para reconhecer o tipo?

O escriba era o funcionário do poder central, responsável concreto pela articulação entre as ordens dadas e sua execução. Na foto, a estátua de um escriba sentado, fim da IV Dinastia.

UMA CIVILIZAÇÃO original

A originalidade da civilização egípcia revela-se de diferentes formas, todas elas merecedoras de uma análise mais longa. Tomaremos alguns desses aspectos como aperitivo para o leitor, que deve buscar obras específicas listadas no final do livro para um aprofundamento no tema.

Uma das características do Egito que surpreenderam os gregos foi a inexistência do infanticídio e da exposição. O infanticídio era uma prática comum na Antiguidade, e consistia na morte (ritual

A pintura, bem como outras artes, desenvolveu-se para dar forma às convicções religiosas: *Livro dos mortos*, pintura sobre papiro.

ou não) de crianças, geralmente recém-nascidos. A exposição, típica do mundo grego, era o abandono da criança do lado de fora da cidade, sujeita à morte por inanição ou pelo ataque dos animais.

Embora extremamente cruéis, essas práticas se explicam pela limitação de alimentos que as comunidades precisavam considerar, quando do crescimento vegetativo do grupo. A morte de parte das crianças seria uma forma drástica de controle populacional.

Acredita-se que o mundo de relativa abundância em que viviam os egípcios lhes tenha permitido criar todas as crianças que nasciam e não morriam naturalmente. Os hebreus também não praticavam o infanticídio, mas por razões diferentes.

Outro aspecto original da civilização egípcia foi a edificação das construções monumentais. Tanto isso é verdade que até hoje projetos ousados, barragens de concreto em usinas, estádios e palácios são denominados *faraônicos*.

De fato, ao contrário dos gregos, os egípcios (governantes e arquitetos, não camponeses, é claro) não tinham o homem como medida de todas as coisas. As grandes pirâmides são um bom exemplo disso.

Quéops, Quéfren e Miquerinos foram faraós da IV dinastia, no Antigo Império, e reinaram no início do III milênio.

Construídas em blocos imensos de pedra, demandaram esforço imenso de grande parte da população.

A pirâmide de Quéops, por exemplo, tem mais de 230 metros de base e quase 150 de altura. As pedras para sua construção eram trazidas de longa distância, uma vez que Gizé, onde se levanta a pirâmide (assim como as duas outras grandes pirâmides), é uma área desértica onde não existe esse material. A grandiosidade da obra é tal que tem despertado a imaginação de quem se aproxima dela. Heródoto, por exemplo, garantiu que levou dez anos para ser preparada e outros vinte para execução, com 100 mil homens trabalhando continuadamente, por turnos, e morrendo sob o peso de blocos imensos de pedra.

As pedras vinham de Tura, na margem oriental do Nilo, e eram conduzidas rio abaixo em balsas e depois arrastadas por rampas até o local da pirâmide. Toda essa multidão trabalhava praticamente sem a ajuda de ferramentas, a não ser as mais elementares. Assim, as pedras eram cortadas, em seguida polidas com areia (único material abundante na região), depois levantadas por meio de manivelas e finalmente colocadas em seu lugar. Não era só uma questão de trabalho, mas também de organização e competência dos arquitetos. Não se estava, afinal, construindo um monumento qualquer, mas um edifício que devia conter uma tumba, pleno portanto de significados místicos. As proporções tinham de ser respeitadas, a orientação, preservada e as medidas, cuidadosamente controladas.

É espantoso o sucesso obtido. A base da pirâmide, por exemplo, teoricamente um quadrado perfeito, tem uma diferença máxima de três centímetros em cada lado (em 230 metros significa algo em torno de 0,01%!).

Por conta dessa perfeição quase incrível é que, até nos dias de hoje, alguns escritores incultos em vez de tentar entender as pirâmides dentro do conjunto da civilização egípcia preferem atribuí-las a seres extraterrestres. De vez em quando aparece um livro como *Eram os deuses astronautas?* e apresentam ETs e androides levantando pirâmides. Pura bobagem, delírios alimentados pela ingenuidade popular e pela qualidade das edificações.

A relação entre religião, ciência e arte é estreita e significativa no Egito. As convicções dos egípcios acerca de reis mortos

Construir pirâmides com blocos imensos de pedra, exigia, de grande parte da população, um enorme esforço: pirâmides de Gizé.

propiciaram enorme desenvolvimento científico, já que, sem matemática, geometria, mecânica e outros conhecimentos, construções como as pirâmides não teriam sido possíveis. Também a pintura, a arquitetura, a escultura e a arte de embalsamar, entre outras artes, desenvolveram-se para dar forma às convicções religiosas.

Há uma última especificidade da civilização egípcia que precisa ser destacada. Enquanto na Mesopotâmia a unidade era a cidade, no Egito, logo após sua unificação, passou a ser o reino. Material e ideologicamente, a identidade do egípcio se assentava no conjunto de aldeias e de nomos reunidos sob a tutela do rei-deus, enquanto na Mesopotâmia ela ocorria localmente.

O gigantismo do Egito foi a base de sua força. Foi também o que provocou o esmagamento do seu povo. Muitos esforços foram envidados para manter a unidade da terra do faraó; uma administração complexa foi mantida à custa de muito trabalho e a submissão do felá foi massacrante. Mas os hieróglifos e as pirâmides, os templos e os sarcófagos, o primeiro modelo de administração centralizada no mundo e uma religião fascinante são um patrimônio da humanidade.

Como avaliar se valeu a pena?

7. Os hebreus

Os hebreus desenvolveram sua civilização no primeiro milênio a.C. Ela não tem, portanto, a antiguidade da civilização egípcia ou da mesopotâmica, embora tenha convivido de maneira estreita com essas duas civilizações (na proto-história dos hebreus, Moisés tira o seu povo do Egito no século XIII e Nabucodonossor da Babilônia destrói o templo de Jerusalém em 586). O fato de Jericó ser considerada por importantes arqueólogos a aldeia mais antiga do mundo não tem nada a ver com o fato de termos escolhido os hebreus para fazerem parte deste livro, uma vez que o aldeamento (não era uma cidade) de Jericó data de um período muito anterior ao da existência da cultura hebraica.

A religião judaica moderna, originária daquela praticada pelos hebreus antigos, tem um calendário que já chega perto dos 6 mil anos. Não se engane o leitor com isso, imaginando que a datação refere-se às origens da civilização hebraica. Ela foi resultante de uma reunião de sábios que determinaram, a partir de acuradas contas feitas com base em textos bíblicos, a idade do universo. Que por sinal é um bocado mais velho, coisa que qualquer judeu lúcido aceita tranquilamente, hoje em dia.

Se não é uma das mais antigas civilizações, o que fazem aqui os hebreus? Estão aqui por várias razões. Entram porque se constituem em ponte entre as civilizações do Oriente Próximo e a nossa, a civilização ocidental. Por meio deles conhecemos mitos e ciência, práticas sociais e valores de povos de toda a região. Estudos que utilizam a Bíblia não de forma dogmática, mas como fonte de informações históricas, obtiveram referências que descobertas arqueológicas depois confirmaram.

Gostamos muito de exemplificar trazendo a história de Abrahão e Sara, contada na Bíblia: os dois eram casados, mas Sara não conseguia engravidar. Ela acabou pegando uma de suas servas, Hagar, entregando-a como concubina ao marido para que, embora em ventre alheio, o casal pudesse ter filhos. Hagar de fato dá à luz um garoto, Ismael. Acontece que, depois, Iavé (uma das denominações de Deus) anuncia que Sara iria engravidar. O casal ri, não acreditando que ele com cem anos e ela com noventa ainda pudessem ter um filho. Mas como o deus hebreu era todopoderoso, o filho acaba nascendo e se chama Isaac. O garoto mais velho, Ismael, deixa de ser o queridinho de Sara, que protege o seu. Ismael, mais velho, tem o hábito de zombar de Isaac, menor, e, por isso, menos esperto. Sara chega a Abrahão e solicita que ele mande embora a concubina com seu filho. O patriarca resiste, mas deus dá força à Sara e, Hagar e Ismael, partem para o deserto. Final da história: de Isaac descendem todos os hebreus, e de Ismael descendem os povos do deserto, os árabes.

Por essa rápida passagem do Gênesis (16-21), os estudiosos perceberam que: 1) o homem tinha uma esposa principal e podia dispor de concubinas; 2) a mulher principal tinha direitos que a outra não tinha e uma certa força junto ao marido; 3) a herança não se transmitia de forma idêntica para filhos de esposa legítima e concubina.

Não por acaso, esses três princípios do direito de família faziam parte do Código de Hamurábi, o que reitera a origem mesopotâmica dos hebreus e legitima a interpretação bíblica dos especialistas.

O estudo dos hebreus é importante também, e principalmente, por causa do monoteísmo ético que surge e se desenvolve entre eles, constituindo-se em ponto de partida do judaísmo, do cristianismo e do islamismo.

O leitor deverá ter percebido que fala-se do Egito, da Babilônia, da Assíria, de Roma etc. e fala-se dos hebreus e não de Judá, Israel ou outro nome de Estado político. Não que os hebreus nunca tenham tido um Estado: só que ele nunca teve maior importância e seria um dos numerosos pequenos reinos desaparecidos nas brumas da História, não fosse a existência do monoteísmo ético e de uma religião para a qual o conhecimento era uma forma de aproximação com deus, daí a necessidade de escrever, documentar tudo e ser capaz de ler também.

Se o Egito constituiu-se numa grande civilização plantada num grande Estado e a Mesopotâmia outra grande civilização sediada em vários Estados, os hebreus criaram sua grande civilização quase sem Estado.

Quase.

SAINDO de Ur, na Caldeia

As origens dos hebreus localizam-se na Mesopotâmia. Isso é contado na Bíblia e comprovado por diversas evidências. O hebraico é uma língua semita, pertencente ao mesmo grupo do aramaico e de outras faladas na Mesopotâmia, com palavras estruturadas em raízes triconsonantais, uma particularidade delas.

Notável mesmo é verificar a utilização de mitos mesopotâmicos entre os hebreus. Vimos em capítulo anterior a história de Sargão e sua semelhança com a de Moisés. Vimos também o conceito de caos bíblico que teria sido subtraído à situação concreta das populações ribeirinhas do Tigre e do Eufrates. Mas a mais interessante incorporação dá-se com o mito do dilúvio universal, aquele de Noé.

O dilúvio sumério fala de Ziusudra construindo um enorme barco, da inundação varrendo as cidades, de

Reprodução egípcia, da XII Dinastia, mostrando um semita e seu asno.

tempestades de vento, do barco jogado em todas as direções, da luz finalmente aparecendo no céu, do sacrifício que faz Ziusudra e da reconstrução do mundo. Vale a pena ver a tradução integral do documento na coletânea *100 textos de História Antiga* para sentir a força da descrição, a despeito de muitas linhas ilegíveis ou desaparecidas do original sumério.

E que dizem os hebreus?

Falam de uma arca construída por Noé, de quarenta dias e noites de chuva, da cheia superando os montes mais altos, da arca resistindo a tudo, até que "cerraram-se as janelas dos céus e a chuva dos céus se deteve". Noé sacrifica um animal a deus e a reconstrução se inicia.

Coincidência? Não.

O mito é mesopotâmico e foi apropriado pelos hebreus, para os quais o importante não era a história, mas a moral da história. Nem teria muito sentido um mito sobre dilúvio desenvolver-se numa região onde as chuvas são limitadas (400 mm anuais são excepcionais na região), os rios insignificantes (o Jordão quase pode ser atravessado por um bom saltador, em certos trechos) e não há degelo de montanhas nevadas.

Já na Mesopotâmia os rios pregavam constantes sustos, ora mansos, ora violentos, em vista do degelo em sua origem, nas montanhas da Armênia. Até os deuses nos dão conta da instabilidade dos rios e do temor que os habitantes tinham de sua variação.

Por tudo isso é de se acreditar na origem mesopotâmica dos hebreus.

O INÍCIO do povo hebreu

É preciso ter presente que a Bíblia tem um compromisso básico com a unidade do povo hebreu e não com a narrativa fiel de acontecimentos. Hoje em dia até autores religiosos, cristãos e judeus, duvidam, se não da existência física dos três patriarcas (Abrahão, Isaac, Jacó), ao menos da genealogia que estabelece a sucessão entre eles (Abrahão pai de Isaac pai de Jacó). O fato de questionarmos a historicidade de alguma personagem não significa que não possam tirar da história contada informações que nos

O monoteísmo ético que surge e se desenvolve entre os hebreus é o ponto de partida das mais importantes religiões ocidentais: parte de um rolo com texto da Bíblia.

interessam. O narrador acaba referindo-se a costumes e padrões de comportamento que caracterizam uma época e dizem respeito também a mitos que derivam de uma região. Assim, não há contradição entre questionar a historicidade de personagens bíblicos, colocar em dúvida alguns dos fatos milagrosos ali narrados e utilizar o material como fonte para o trabalho do historiador.

A questão da historicidade dos patriarcas tem a ver com a própria questão de quem teria sido o primeiro hebreu, isto é, de quando poderíamos datar a existência dos hebreus como povo. As opiniões são muitas. Ouve-se, com frequência, a data de 2000 para Abrahão, seguido de seus descendentes. Outros já preferem datas bem mais recentes, talvez o século XIV a.C. para Jacó (que, nesse caso, não poderia mesmo ter sido neto de Abrahão).

A Bíblia fala de José, filho de Jacó, indo para o Egito, aprisionado e depois funcionando como ponta de lança para a vinda de toda a família. Isso bateria bem com a presença de clãs semíticos durante um certo tempo no delta do Nilo, documentada em material egípcio. Fiquemos pois com o século XIV, em princípio, e prossigamos a narrativa.

Ramsés II reinou de 1290 a 1224 e teria sido ele o faraó da história de Moisés. De qualquer forma, há uma referência aos apirus ou abiru trabalhando para Ramsés II. *Abiru* e *ibri* ou *ivri* (hebreu, em hebraico) devem ser o mesmo povo. Como saíram do Egito, por que e quantos não sabemos, mas a ideia da entrada de um grupo de tribos na Cananeia lá por 1230/1220 é apoiada em documentos. Pouco depois, por volta de 1190 estabeleciam-se os filisteus, derrotados por Ramsés III, e ocupavam as cidades litorâneas como Ascalon, Asdod e Gaza. Convém lembrar que da palavra *filisteu* (*plishtim*, em hebraico) deriva o termo *Palestina*, uma das várias denominações da região.

As tribos que se instalaram em Canaã seriam as mesmas que de lá haviam saído tempos antes, ao ir para o Egito? É de acreditar que não. Quando para lá se transferiram, premidas pela fome, não foram sozinhas, mas no bojo de um largo movimento de povos famintos. Uma parte dos descendentes de Jacó teria talvez ficado lá, outra teria se miscigenado. O nome de Moisés, tipicamente egípcio, mostra bem certa preocupação com a assimilação que as tribos instaladas no Egito tinham. Também o grupo levado por Moisés a Canaã não era homogêneo, como reconhece a própria Bíblia. Bastava o líder voltar as costas, que a turma adorava outros deuses. Tanto assim que o grupo, não sendo ainda um povo ou uma tribo, foi denominado "geração do deserto", tendo de caminhar durante anos até adquirir alguma solidariedade grupal.

Assim, embora reconhecendo as origens dos hebreus nos descendentes de Jacó (José e seus irmãos, na narrativa bíblica), só podemos aceitar o início do povo hebreu a partir do momento em que se instalam na região de Jericó algumas tribos que lutam juntas, sob a chefia de Josué, para conquistar um espaço onde possam viver.

Com isso, inaugura-se o ciclo de mais ou menos duzentos anos que vai até o início da monarquia, com Saul, em 1030.

As doze tribos, 1200 a.C.

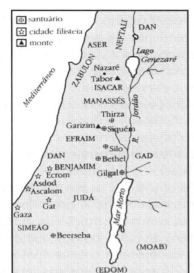

Reino de Davi

Reinos de Israel e de Judá

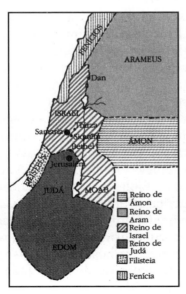

Palestina nos tempos de Cristo

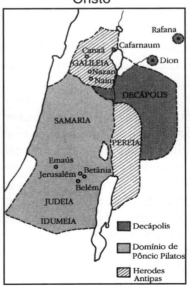

JUÍZES e reis

De 1200 a 1030 os hebreus desenvolvem um sistema tribal com a ausência de propriedade particular de bens de produção. Governantes existiram só de passagem e por ocasião de guerras, quase sempre contra os filisteus. Sansão terá sido o mais conhecido dos juízes, denominação dada a esses líderes que não diferiam de outros chefes militares instituídos por federações tribais. A passagem da tribo para a monarquia, da aldeia para a cidade, terá tido um desenvolvimento semelhante ao já descrito anteriormente. Mas não deixa de ser interessante observar a narrativa bíblica.

Segundo ela, os anciãos de Israel vêm a Samuel, juiz na ocasião, e solicitam um rei "como o têm todos os povos". Samuel conversa com o seu deus, que discorda da ideia, alegando uma série de mazelas que iriam ocorrer com a instituição da monarquia: o rei se apropriaria dos jovens do povo, transformando-os em soldados e cocheiros, em "lavradores dos seus campos e segadores de suas messes"; exigiria dízimos, expropriaria servos e animais e os colocaria a seu serviço. E, finalmente, colocaria o próprio povo a seu serviço, em servidão.

Trata-se de uma preciosa descrição da transição de uma sociedade tribal sem poder central e métodos coercitivos de trabalho para uma monarquia centralizada, cuja organização exige mão de obra disciplinada a serviço da organização que precisa alimentar muitas bocas destinadas a tarefas não produtivas.

O cronista que escreveu esse trecho da Bíblia (I Livro de Samuel) teria sido um profeta se não tivesse escrito isso tudo alguns séculos depois de os acontecimentos terem ocorrido. É como se alguém, sabedor de um fato, relatasse-o e colocasse uma data bem anterior para dar a impressão de ter antevisto a história. Isso é muito utilizado como recurso narrativo na Bíblia, que, ao contrário do que muita gente pensa, não foi escrita na ordem cronológica que aparece agora. No caso, nosso cronista foi um profeta do passado.

Com Saul, instaura-se a monarquia entre os hebreus. Mas já nessa ocasião havia uma divisão entre as tribos do norte (Israel) e as do sul (Judá) e Saul fracassa na tentativa de atrair Judá ao seu reino. Morre nessa tentativa fracassada.

Davi tem mais sucesso. Começa organizando o pequeno reino de Judá, constituído de hebreus da tribo de Judá e de cineus, iemareus e outros povos não hebreus, sediados na cidade de Hebron. Bom soldado e líder carismático, Davi estende seu poderio derrotando os arqui-inimigos filisteus e conquistando a cidade de Jerusalém, a qual transforma em capital do reino.

Manda construir um palácio e verifica que falta algo muito importante ao seu reino e a Jerusalém: o prestígio religioso. Descobre, ou manda fazer, em algum local o que afirma ser a arca da aliança e a traz, com muita pompa. Com isso, legitima o seu poder "pela graça de deus", fortalecendo-o mais e mais.

A organização do Estado torna-se mais complexa e cara; os mercenários, que constituíam parte importante do exército de Davi, tinham de ser pagos, assim como tinha de haver recursos para as construções que edificava com bastante luxo. A solução era manter o expansionismo, conquistar e saquear, o que passou a ser feito com considerável sucesso.

Mesmo no seu momento máximo, o reino de Davi era insignificante se comparado aos grandes impérios egípcios, babilônicos ou hititas. Mas era o máximo que se edificara na região em séculos. Aos olhos dos hebreus, então pouco mais que beduínos, aquilo devia ser considerado uma coisa de outro mundo e Davi passa a ser glorificado em prosa e verso. Até hoje Davi é o símbolo do poder político dos hebreus, na Antiguidade e, por extensão, no moderno Estado de Israel. O historiador Adolphe Lods lembra, a propósito, que a primeira referência de caráter messiânico entre os hebreus foi a esperança da volta à idade de ouro dos tempos do rei Davi.

SALOMÃO e o templo

Salomão foi um soldado inferior a seu pai, Davi, mas compensou essa deficiência com uma grande habilidade política. Logo que subiu ao poder, perdeu algumas terras. Compensou-as com acordos e casamentos em que recebia como dote cidades inteiras. Foi amigo de faraós e reis fenícios, possuiu um enorme harém, construiu palácios e fortalezas.

Descobriu com os fenícios que o comércio podia dar mais lucro que a pilhagem, mas não deve ter tido um sucesso muito grande nisso, já que foi obrigado a cobrar taxas de seus súditos, o que lhe proporcionou muita impopularidade. Figura das mais mitificadas, a ele são atribuídos tanto textos filosóficos como eróticos (*Cântico dos Cânticos*), o que comprovadamente não é verdade. Ao mesmo tempo que julgava com extrema sabedoria, era um amante voraz e sofisticado – consta que tinha setecentas esposas princesas e trezentas concubinas (I Reis, 11, 3)! Além de opções noturnas, elas representavam uma extensa rede de alianças políticas.

A mitificação de Salomão decorre do fato de ter sido ele o construtor do famoso templo de Jerusalém, ponto de referência espiritual e material do povo, tanto na época em que foi construído como depois. O templo passou a funcionar como uma espécie de símbolo nacional; da mesma forma como Jerusalém, metaforicamente, tinha o significado de Israel toda, o templo significava Jerusalém. Até hoje, judeus religiosos pedem a Deus a honra de estarem "o ano que vem em Jerusalém" para poderem rezar junto ao muro ocidental, o único que restou do templo.

Com o templo, Salomão dá um novo local a Iavé, o deus dos hebreus, a quem tinham sido atribuídas diversas residências antes.

Inicialmente, Iavé morava nos desertos do sul (Juízes 5, 4). Depois, aos poucos, Iavé mudou para a terra de Canaã, passando a possuí-la toda, mas não saindo dela. Um deus "nacional" que não fazia prosélitos, nem gostava de ser adorado fora de seu país, pois terra estranha não é local adequado, por ser impuro. A ligação material com a terra era tão forte que quando Naaman, general arameu, foi curado por Eliseu e quis dar graças a Iavé, transportou para o seu país, no dorso de duas mulas, um pouco da terra de Canaã, sobre a qual construiu um altar (II Reis, 5, 17); para todos os efeitos, ele se erguia sobre território de Iavé...

Pode-se inferir, pela leitura de alguns textos, que Iavé habitava os santuários e depois, de forma especial, o santuário do templo. E em outros fala-se no céu como habitat de Iavé. Salomão, ao levantar o templo, buscava localizar fisicamente Iavé, encarcerá-lo em seu palácio e submetê-lo aos interesses da monarquia.

As regras da religião tinham sido bastante livres até então; cada qual dialogava com Iavé da sua maneira e sem intermediários. A instauração de sacerdotes para fazer os sacrifícios segundo determinadas normas inacessíveis aos simples mortais visava estabelecer uma forte relação de dependência entre povo e poder político, por meio da ritualização da religião.

O MONOTEÍSMO ético

Apesar dos esforços de Salomão, seu reino não sobreviveria após sua morte. O novo rei, Roboão, só consegue governar Judá, já que as tribos de Israel se desmembram. Pressionados pelos pequenos Estados em volta e pelos grandes impérios próximos, nunca mais haveria um Estado forte e independente na região. Os reinos perderam poder, mas seus governantes não perderam a arrogância e a vontade de conservar a suntuosidade a que estavam acostumados. Isso lhes custou desobediência civil e questionamento de sua autoridade.

O reino de Israel sobrevive até o ano 720, quando é destruído pelos assírios, os quais removem grande parte da população para outras partes do seu império. O reino de Judá vai se mantendo, aos trancos e barrancos, até o ano de 586, quando Nabucodonossor destrói Jerusalém e o templo, símbolo do deus nacional e da ligação entre a divindade e o poder político.

As tribos de Israel acabam assimilando os hábitos e a cultura dos povos vizinhos e perdem totalmente sua identidade com Iavé. Entre os descendentes destes homens devem estar os sírios e os iraquianos de hoje. O reino de Judá é reconstruído, meio século após sua destruição, com o apoio dos persas; o templo de Jerusalém, reerguido; e Iavé volta a reinar. Os israelitas ou judeus, descendentes dos hebreus, tomam sua herança cultural e, por meio de uma série de transformações, carregam-na até agora.

Mas não é deles apenas que se fala quando o assunto é a herança cultural dos hebreus, mas sim da grande contribuição dada pelos hebreus à civilização: o monoteísmo ético.

Vamos tentar esclarecer bem esse assunto, clareando inicialmente alguns conceitos. Monolatria é o culto a um único deus, embora acreditando-se na existência de outros; isso era muito comum na Antiguidade, com os deuses de cada tribo, cada clã ou mesmo cada povo. Monoteísmo, porém, é a crença na existência de apenas um deus, não sendo considerados os outros, porventura cultuados, senão falsos deuses. Finalmente, o monoteísmo ético é a crença em um deus único, que dita normas de comportamento e exige uma conduta ética por parte de seus seguidores.

Entre os hebreus, Iavé evoluiu de um deus tribal para um deus universal; de um deus de guerra, senhor dos exércitos, para um juiz sereno, consciência social e individual, exigente de justiça social.

Os profetas sociais, Amós e Isaías, principalmente, foram os grandes responsáveis por esse passo.

Vivendo no século VIII, os profetas sentiam o peso da monarquia sobre o povo, o luxo dos poderosos convivendo com a miséria dos camponeses e criadores, palácios ao lado de palhoças. Utilizando-se de antiga tradição do templo dos cananitas, a tradição de prever o futuro em nome de uma entidade superior inspiradora, os profetas lançam suas negras profecias sobre os que tratam tão mal o pobre, pensando apenas em si mesmos.

É possível que no seu discurso estivesse presente o grito de liberdade de um povo de criadores, livre por excelência, preso agora a obrigações de pagar impostos a um governo que pouco lhe dava em troca. Deviam os profetas representar o inconsciente coletivo do inconformado grupo com a perda de campos de pas-

Restos do muro ocidental do Templo de Jerusalém.

tagem, insatisfeito com a centralização monárquica, desconfiado daquele templo que exigia tributos.

O povo tinha nostalgia do período tribal: o olhar para o passado sem injustiças sociais, sem opressão, sem impostos para sustentar a nobreza e o exército inúteis acabou se constituindo em mensagem para o futuro.

Vejam o que diziam os profetas:

> De que me serve a multidão de vossas vítimas? Diz o senhor
> Já estou farto de holocaustos de cordeiros
> e da gordura de novilhos cevados [...]
> Deixai de pisar nos meus átrios.
> De nada serve trazer oferendas [...]
> Vossas mãos estão cheias de sangue, lavai-vos, purificai-vos.
> Tirai vossas más ações de diante de meus olhos.
> Cessai de fazer o mal, aprendei a fazer o bem.
> Respeitai o direito, protegei o oprimido:
> Fazei justiça ao órfão, defendei a viúva.*

Esboço hipotético do templo de Jerusalém.

* (Isaías, 1, 2-7)

O texto é claro no seu antirritualismo, na sua crítica aos sacrifícios do templo – prática incorporada à religião –, na sua crítica àqueles que, por meio de uma religião formal, buscavam a divindade. Isaías diz que Iavé não quer oferendas nem rezas, quer que as pessoas ajam de forma correta, isto é, pratiquem a justiça social.

O que fica dos hebreus não é, portanto, o som da lira de Davi ou o discutível e limitado poder político; não fica também o deus tribal nem o Senhor dos Exércitos. Fica a mensagem por uma sociedade mais justa, utopia sem a qual é difícil imaginar o sentido das próprias sociedades humanas.

Jerusalém, berço do monoteísmo ético, tornou-se cidade sagrada de judeus, cristãos e muçulmanos. Na foto, Jerusalém nos dias de hoje.

Conversando com o autor

No lugar de conclusão-padrão, Jaime Pinsky preferiu responder algumas perguntas que lhe fizemos, a propósito do livro.

P. *Com o mundo conturbado de hoje, qual o sentido de se estudar civilizações que já não existem mais e mesmo culturas pré-históricas?*

R. Já se disse que não há outra História, a não ser a História Contemporânea. Isso não tem a ver com o período estudado, mas com o olhar que a ele se lança. Se alguém estudar um episódio do século XX, como, por exemplo, a II Guerra Mundial, e tratá-lo como algo acabado e enterrado, estará lançando um olhar não contemporâneo, mesmo estudando fatos contemporâneos. Por outro lado, é evidente que sempre haverá um enorme interesse pelo espírito humano, onde e quando quer que ele tenha produzido algo que, a partir de nossa ótica, seja universal. A urbanização das cidades mesopotâmicas, as obras faraônicas, o monoteísmo hebraico e mesmo a habilidade demonstrada pelas tribos "pré-civilizadas" em resolver os conflitos internos são manifestações do homem e, como tais, dizem respeito a todos os homens. Procurei trazer as questões da Antiguidade até o presente, dar-lhes contemporaneidade sem torná-las anacrônicas, despindo-as do cheiro de mofo que a erudição vazia cria nelas. Tenho a convicção de que, dessa forma, estudar a História passa a ser um exercício de autoconhecimento, que permite ao ser humano uma percepção mais profunda de sua vivência por meio do conhecimento de sua herança.

P. *Pelo entusiasmo com que você descreve as primeiras sociedades pré-históricas, parece que as considera melhores do que as nossas. Você gostaria de viver naquela época?*

R. Gosto de viver minha aventura da vida nos dias de hoje, o que não quer dizer que não poderia ser feliz se tivesse nascido há 3, 6 ou 10 mil anos. Mas a questão que apresento não é a de preferir aqui ou acolá, hoje ou ontem. Sugiro apenas que se pare um pouco para olhar sem preconceitos experiências sociais diferentes das nossas. Nós temos uma tendência em considerar nossos valores, comportamento, religião e práticas os corretos, o ponto de referência de tudo. Viramos o umbigo do mundo e não percebemos outros centros de gravitação. Veja bem, falamos das divindades dos outros com artigo e em minúscula (por exemplo, "o deus dos egípcios"), desqualificando-as desde logo ao restringirmos sua ação como um dos deuses de um povo num momento histórico determinado. Ao nosso, porém, referimo-nos como Deus, com maiúscula, sem artigo e sem qualificações, como o absoluto que pretendemos que ele seja. O mesmo se repete em relação aos padrões estéticos, à organização social, aos valores morais e até às práticas cotidianas. É por isso que consideramos exóticos hábitos alheios, sem nos darmos conta de que muitos dos nossos hábitos seriam ridículos e risíveis se vistos de fora.

Acredito que conhecer e respeitar práticas diferentes seja um exercício de tolerância muito útil para todos nós. E eu tentei mostrar que nós, civilizados, automatizados e informatizados, nem sempre encontramos as melhores soluções para os problemas da vida social. Afinal, não creio que houvesse mais gente com fome nas sociedades neolíticas do que na nossa...

P. *Você fala de espírito de aventura como um dos elementos que deflagram a ação do homem. Esse espírito seria uma categoria histórica equivalente à luta de classes ou algo parecido?*

R. Descontando a ironia da pergunta, devo dizer que pensei muito se deveria ou não deixar no texto a passagem que trata do assunto. Optei por deixar. Acho que não se pode reduzir o processo histórico a mecanismos determinados. Claro que o homem não tem liberdade total de ação, uma vez que tempo, espaço, condição social, vinculação política, formação ideológica e outros fatores constituem elementos limitadores de sua ação. Mas não aceitar que ele tenha uma autonomia – ainda que relativa – seria transformar seres humanos em autômatos, a vida humana em vegetal. Continuo achando que há categorias históricas e categorias supra-históricas. A estas últimas pertencem, entre outras, a coragem, o medo e o amor; categorias essas que encontram formas de se manifestar em todas as sociedades humanas.

Cronologia

(Todas as datas são a.C.)

1.500.000	*Homo erectus.*
1.000.000	Início da migração do *Homo erectus.*
300.000	*Homo sapiens.*
50.000	*Homo sapiens sapiens.*
8.000	Revolução Agrícola.
7000	Jericó.
4000	Revolução Urbana.
3500	O homem aprende a escrever.
2700	Cidades-estado na Mesopotâmia.
2700-2350	As grandes pirâmides no Egito.
2350	Reino de Sargão, em Akad.
1800	Código de Hamurábi.
1730	Hicsos no Egito.
1370	Amenófis IV (Aquenâton), o faraó monoteísta.
1230	Hebreus em Canaã.
1030	Saul, rei de Israel.

1000	Davi unifica os hebreus.
961	Salomão reina em Jerusalém.
922	Divisão da monarquia.
722	Queda de Samaria.
700	Os profetas começam a criar o monoteísmo ético.
586	O rei babilônico Nabucodonossor destrói Jerusalém.

• • •

1939-1945 d.C.	Homens assassinam, em campos de extermínio nazistas, milhões de seres da mesma espécie.

Bibliografia

A lista de livros utilizada durante a longa confecção desta pequena obra é bem superior à que consta abaixo. Procuramos nos ater, com apenas duas exceções, aos trabalhos em nossa língua e preferencialmente em edições acessíveis. Não se trata, pois, de um levantamento exaustivo, mas de uma bibliografia operacional que poderá auxiliar o leitor interessado em aprofundar alguns temas.

ALBRIGHT, William Foxwell. *From the Stone Age to Christianity*. Nova York: Doubleday Anchor Books, 1957.

ATTENBOROUGH, David. *A vida na terra*. São Paulo/Brasília: Martins Fontes/Ed. da Univ. de Brasília, 1981.

AYMARD, André e AUBOYER, Jeannine. O Oriente e a Grécia Antiga. In: CROUZET, Maurice. *História geral das civilizações*. Trad. Pedro Moacyr Campos. 3ª ed. São Paulo: Difel, 1960/2. t. 1, v. 1-2.

BRAIDWOOD, Robert. *Homens pré-históricos*. Trad. Carlota B. Martín. Brasília: Ed. da Univ. de Brasília, 1985.

CLASTRES, Pierre. *A sociedade contra o Estado*. Rio de Janeiro: Francisco Alves, 1978.

CLEVENOT, Michel. *Enfoques materialistas da Bíblia*. Trad. Paulo Ramos Filho. Rio de Janeiro: Paz e Terra, 1979.

DRIOTON, Étienne. *L'Égypte pharaonique*. Paris: A. Colin, 1969. (Col. U.Z.)

ENGELS, F. *A origem da família, da propriedade privada e do Estado.* São Paulo: Global, 1984.

FROMM, E. *O coração do homem.* Trad. Octávio Alves Velho. 5ª ed. Rio de Janeiro: Jorge Zahar, 1977.

GARELLI, Paul. *O Oriente Próximo asiático: das origens às invasões dos povos do mar.* Trad. Emanuel Araújo. São Paulo: Pioneira/Edusp, 1982.

_____ e NIKIPROWETZKY, V. *O Oriente Próximo asiático: impérios mesopotâmicos e Israel.* Trad. Emanuel Araújo. São Paulo: Pioneira/Edusp, 1982.

GORDON CHILDE, V. *A evolução cultural do homem.* 4ª ed. Rio de Janeiro: Jorge Zahar, 1978.

_____ *O que aconteceu na História.* 5ª ed. Rio de Janeiro: Jorge Zahar, 1981.

KINGSLEY, Davis et alii. *Cidades: a urbanização da humanidade.* Trad. José Reznik, 2ª ed. Rio de Janeiro: Jorge Zahar, 1972.

LEACKEY, Richard. *A evolução da humanidade.* São Paulo/Brasília: Melhoramentos/Círculo do Livro/Ed. da Univ. de Brasília, 1981.

_____ e LEWINI, Roger. *Origens.* 2ª ed. São Paulo/Brasília: Melhoramentos/Ed. da Univ. de Brasília, 1981.

LODS, Adolphe. *Israel, das origens até meados do século VIII a.C.* Trad. Maria Isabel Castro Henrique. Lisboa: Início, s.d.

MORIN, Edgar. *O enigma do homem.* 2ª ed. Rio de Janeiro: Jorge Zahar, 1979.

PINSKY, Jaime (org). *100 textos de História antiga.* 7ª ed. São Paulo: Contexto, 2001.

RIBEIRO, Darcy. *O processo civilizatório.* Rio de Janeiro: Civilização Brasileira, 1968.

VARAGNAC, André (org.) *O homem antes da escrita.* Lisboa: Cosmos, 1963.

CADASTRE-SE
EM NOSSO SITE,
FIQUE POR DENTRO DAS NOVIDADES
E APROVEITE OS MELHORES DESCONTOS

LIVROS NAS ÁREAS DE:

História | Língua Portuguesa
Educação | Geografia | Comunicação
Relações Internacionais | Ciências Sociais
Formação de professor | Interesse geral

ou
editoracontexto.com.br/newscontexto

Siga a Contexto
nas Redes Sociais:
@editoracontexto

GRÁFICA PAYM
Tel. (011) 4392-3344
paym@terra.com.br